Dirk Kutting

Lehrer sein

Spirituelle Lösungen

Vandenhoeck & Ruprecht

Bibliografische Information der Deutschen Nationalbibliothek

Die Deutsche Nationalbibliothek verzeichnet diese Publikation in der
Deutschen Nationalbibliografie; detaillierte bibliografische Daten sind
im Internet über http://dnb.d-nb.de abrufbar.

ISBN 978-3-525-58170-4

Inhalt

Einleitung

Lehrer sein – Spirituelle Lösungen? Wenn ich Schüler in der neunten Klasse direkt nach ihrer Gebetspraxis frage, dann bekomme ich kritische Einwände und ablehnende Äußerungen zu hören. Lasse ich sie jedoch anonym die Fragen beantworten: Wie bist du in deiner Kindheit in Kontakt zum Beten gekommen? Welche Bedeutung hat heute das Beten für dich? Dann bekomme ich viele sehr spannende Überlegungen von meinen Schülern geliefert. Das aufschlussreiche Ergebnis: Es gibt so gut wie niemanden, der über das häusliche und kirchliche Umfeld nicht in Kontakt zum Beten gekommen ist. Und noch aufschlussreicher: Fast jeder betet sehr persönlich im Stillen.

Mich würde interessieren, zu welchem Ergebnis ich komme, wenn ich meine Kollegen in der Schule befragen würde. Ich bin mir sicher, das Resultat wäre ähnlich: Fast alle beten auf irgendeine Weise, kaum jemand spricht darüber. Wir halten eine unserer wichtigsten Ressourcen in unserem schulischen Alltag verborgen. Wir halten sie für eine rein private Angelegenheit ohne Beziehung zu unserer öffentlichen, beruflichen Praxis.

Spirituelle Lösungen für unseren Alltag? Eine kurze Aussage von meinem theologischen Lehrer Eilert Herms fällt mir immer wieder ein: »Christen schämen sich nicht!«

Scham ist in Fragen beruflicher Praxis kein guter Ratgeber, deshalb möchte ich die – neben der fachlichen Kompetenz – wichtigste Ressource, um den schulischen Alltag zu bestehen, in den Mittelpunkt eines Buches stellen: Lehrerspiritualität!

Lehrersein? Das Buch möchte ein Begleitbuch für Lehrerinnen und Lehrer sein, die zwar hohe fachliche Fähigkeiten haben und auch wissen, wie man den beruflichen Alltag mit den Schülern pädagogisch gut bewältigt, die sich aber dennoch manchmal fragen, ob ihnen in ihrer Praxis nicht etwas fehlt. Sie merken, dass ihre Professionalität nicht alles ist, was sie brauchen. Sie möchten einmal auch etwas bekommen. Aber was?

Dieses Buch möchte Lehrerinnen und Lehrer unterstützen, eine Haltung zu ihrer Arbeit zu finden, die ihnen gut tut. Es möchte Spiritualität als Ressource zur Bewältigung der täglichen Aufgaben in der Schule entdecken helfen. Und es möchte ein Buch sein, das endlich von den Lehrern einmal nicht etwas fordert, sondern ihnen etwas gibt.

Ich habe dieses Buch in einer doppelten Rolle und in doppelter Absicht geschrieben. Ich bin evangelischer *Pfarrer*, daher verdanken sich die Erfahrungen und Überlegungen meinem christlichen Selbstverständnis. Das Buch soll daher zunächst einer spirituellen Selbstvergewisserung dienen. Ich bin *Lehrer* an einer öffentlichen Schule, daher betrachte ich als Zielgruppe alle Lehrerinnen und Lehrer, für die spirituelle Fragen eine Bedeutung haben, ganz unabhängig von ihrer religiös-weltanschaulichen Überzeugung. Das Buch soll auch der Verbesserung der beruflichen Praxis von Lehrern dienen. Ich lerne viel von der Professionalität meiner Kollegen. Ich profitiere in meinem spirituellen Erleben auch von nichtchristlichen Kollegen und Autoren. Warum soll es nicht auch andersherum möglich sein? Lehrerinnen und Lehrer profitieren in ihrer beruflichen Praxis von der spirituellen Praxis und Reflexion eines Schulseelsorgers, der Erfahrungen in der systemisch-lösungsorientierten Beratung hat.

In der Ausbildung sagte einmal der inzwischen verstorbene Professor H. Rück aus Herborn: »Die Kinder in der Schule merken, ob du sie liebst.« Dies sei die wichtigste pädagogische Voraussetzung für den Unterricht. Vielleicht ist diese Aussage zu erweitern: »Die Kinder in der Schule merken, ob du dich selbst liebst.« Ja, wir müssen die Aussage noch einmal erweitern: »Vielleicht merken die Kinder sogar, ob du die Welt, in der du lebst, liebst.« Und schließlich müssen wir uns fragen, ob die Kinder nicht auch merken, ob man sich von Gott geliebt fühlt.

Lehrerspiritualität? Können wir als Lehrer arbeiten, ohne zu wissen, warum wir diese schwierige Arbeit auf uns genommen haben? Kann es uns nur darum gehen, Kindern das ABC und das Einmaleins beizubringen? Gehen unsere ursprünglichen Wünsche nicht weiter, dahin nämlich, eine neue Generation auf das Leben vorzubereiten, die Zukunft unserer Gesellschaft mitzugestalten, selbständige Menschen heranzuziehen, spirituelle Traditionen wie die christliche zu pflegen und weiterzugeben?

Eine Schülerin schilderte einmal einer Kollegin in meinem Beisein ihre Situation mit einem behinderten Vater zu Hause, der sie herumkommandierte und der ihr die Ruhe nahm, ordentlich zu lernen. Die Kollegin sagte:»Das hat mich nicht zu interessieren, ich habe nur deine Leistung zu bewerten.« Natürlich kann man der Kollegin Recht geben, sie hat die Leistung zu bewerten und dabei keine persönlichen Rücksichten zu nehmen. Aber geht sie deshalb die persönliche Situation einer Schülerin, die um ein Gespräch gebeten hat, nichts an? Warum fällt es so schwer, zu sagen:»Mir tut deine Situation sehr leid, ich würde dir gern helfen, kann es aber nicht, ich kann trotz allem Mitgefühl für deine Situation dir leider keine bessere Note geben, verspreche dir aber künftig im Unterricht besser auf deine Beiträge zu achten, wenn du es dir wünschst.« Die Kollegin hat mit ihrer Haltung – »Das hat mich nicht zu interessieren!« – aufs Ganze gesehen weniger der Schülerin geschadet als sich selbst. Die Haltung der Schülerin gegenüber traf nicht zuletzt sie selbst. Die Kollegin ging ohne ein Abschiedswort in den Ruhestand und die Vergessenheit. Hat sie sich für sich selbst interessiert? Hat sie uns Kollegen für sich interessiert? Die traurige Geschichte einer Lehrerin, die sicher auch einmal Kinder unterrichten und erziehen wollte. Vielleicht urteile ich aber auch falsch und die ehemalige Kollegin hat genau das gemacht, was für sie passte und richtig war.

Denn darum möchte es in diesem Buch für Sie als Lehrerin und für Sie als Lehrer auch gehen. Was passt für Sie? Was ist für Sie richtig? Dies Buch will nicht eine zusätzliche Aufgabe stellen. Es soll nicht eine weitere zusätzliche Kompetenz gefordert werden, die wir nun auch noch zu erfüllen haben: Neben fachlicher, pädagogischer, methodischer, organisatorischer ... Kompetenz nun auch noch spirituelle Kompetenz. Es geht nicht um ein zusätzliches Sollen, sondern um das Sein des Lehrers.

Es geht nicht darum, spirituelle Kompetenz zu fordern, sondern darum, uns einmal anzuschauen, was spirituelle Kompetenz sein kann. Es geht um die Fragen: Was passt spirituell für mich? Welches sind meine spirituellen Ressourcen? Wie hilft mir meine Spiritualität, meinen beruflichen Alltag zu bewältigen? Welche Stärken habe ich, ohne dass es mir immer bewusst ist? Wie kann ich diese Stärken abrufen, wenn ich es will? Wie entlastet mich meine Spiritualität in der Praxis?

Je weniger dieses Buch genommen wird als ein Buch, das etwas erreichen will, und je mehr dieses Buch genommen wird als ein Buch, das etwas zu geben hat, erreicht es sein Ziel.

Eine Warnung muss dennoch ausgesprochen werden. Wer in diesem Buch einen esoterischen Ratgeber sucht, wird enttäuscht werden. Denn obwohl es gemeinhin in spirituellen Fragen um irrationale Gegenstände geht, wird in diesem Buch versucht, modernen »Rationalitätsstandards« zu genügen. Ich vertraue darauf, dass ein spirituelles Buch vernünftig sein kann.

Deshalb wird im ersten Teil nach spirituellen Voraussetzungen gefragt.

– Wie kann es gelingen, in meiner Arbeit die Aufmerksamkeit weniger auf Probleme und mehr auf Lösungsmöglichkeiten zu richten?
– Inwiefern ist es hilfreich, mein Handeln in so etwas wie einer Seinsgewissheit begründet zu sehen?
– Warum gibt es kein fachliches Können ohne ethische Orientierung?
– Warum hilft gerade religiöse Bildung, mich in meinem beruflichen Alltag zurechtzufinden?

Die Beantwortung dieser vier Fragen betrachte ich als eine spirituelle Einübung. Die vier genannten Fragen umreißen spirituelle Aufgaben. Das Lesen dieses Teils verlangt vielleicht die meiste Aufmerksamkeit, aber bringt vielleicht auch den größten Gewinn.

Der zweite Teil möchte eine Art Lösungsbuch sein. Kurze (philosophische, psychologische, pädagogische oder theologische) Texte, die ich für spirituelle Quellen halte, werden auf konkrete Fälle des Schulalltags bezogen und jeweils so kommentiert, dass die Autoren als spirituelle Lehrer erscheinen und uns wichtige Hinweise für unsere Arbeit geben.

Hineingestellt habe ich vier *Wegzehrungen*, kurze spirituelle Texte, die sich stärker als die anderen Texte meinem eigenen christlichen Selbstverständnis verdanken.

Spirituelle Aufgaben

Wie wir arbeiten können

Eine Mathematiklehrerin lässt ihre Schüler möglichst viele Lösungen für eine Aufgabe finden, anstatt die Kinder einen einzigen Weg lernen zu lassen. So kann jedes Kind den Lösungsweg finden, der am Besten zu ihm passt. Eine erfolgreiche Lernmethode, wenn die verschiedenen Lösungswege zu richtigen Ergebnissen führen.

Im Umgang mit Schwierigkeiten ist das oft anders, hier entstehen Probleme oft dadurch, dass eine Reihe von Lösungswegen *nicht* funktioniert, aber dennoch an ihnen festgehalten wird. Probleme entstehen aufgrund von falschen Lösungsstrategien.[1] Ich kann z.B. *leugnen*, dass ich Schwierigkeiten mit meiner Klasse habe. Wenn ich die Augen vor der Realität verschließe und immer sage: »Geht schon!«, dann bekomme ich zumindest langfristig betrachtet ein Problem.

Ich kann aber auch versuchen, Schwierigkeiten zu lösen, die *unlösbar* sind. Ich möchte z.B. erreichen, dass alle meine Schüler meinen Unterricht (und möglichst auch mich) mögen. Dann bekomme ich wahrscheinlich Probleme mit meinen, schon von mir selbst aus betrachtet, unerfüllbaren Ansprüchen. Oder mit den Schülern, die meinen Vorstellungen nicht gerecht werden. Es genügt, dass sie nach meinem Unterricht tuscheln und ich mir sicher bin, es geht um mich. Die Briefchen, die unter den Bänken kursieren, haben natürlich auch mich zum Inhalt. Ich beschreite einen Weg, der mir systematisch das Selbstvertrauen untergräbt. Am Ende ist dann die ganze Welt schlecht oder ich selbst oder beides.

---

1   Zu den folgenden Überlegungen siehe: Paul Watzlawick, John H. Weakland, Richard Fisch, Lösungen. Zur Theorie und Praxis menschlichen Wandels, 3. Aufl., Bern, Stuttgart, Wien 1984.

Schließlich kann ich auch Schwierigkeiten in Probleme verwandeln, wenn ich immer *ein bestimmtes Lösungsmuster* anwende: Die Klasse ist laut. Ich bitte freundlich um Ruhe. Die Klasse ist laut. Ich bitte unfreundlich um Ruhe. Die Klasse ist laut. Ich fange an laut um Ruhe zu schreien. Die Klasse ist laut. Ich haue schreiend auf den Tisch ... Das nennen Freunde der systemisch lösungsorientierten Beratung die Methode »Mehr desselben!« Mit dieser Methode bekomme ich dauerhafte Probleme, aber keine ruhige Klasse.

Dass meine Ungeduld und meine Haltung die Schwierigkeit nicht lösen, sondern sogar verschärfen, darauf kann ich erst kommen, wenn ich nicht mehr mich und die Klasse *nur* als Gegenüber betrachte, sondern mich und die Klasse als *ein* System. Dieses System ist stabil, weil die einen in die eine Richtung ziehen und der andere (ich!) in die andere. Je mehr von der einen Seite gezogen wird, desto stärker ist auch die Gegenkraftaufbringung auf der anderen Seite.

Das heißt, wenn es eine wirkliche, nicht problemperpetuierende Lösung geben soll, muss aus dem Kreislauf negativer Rückkopplung ausgestiegen werden. Das geht so, dass erst einmal die falschen Lösungen als Problem gesehen werden. Eine Klasse, die immer aufmerksam ist, ist mir noch nicht begegnet. Ihnen? Eine lösungsorientierte Herangehensweise könnte sein, auf den Käse und nicht auf die Löcher[2] zu gucken. Die Schüler sind nicht immer aufmerksam (»Löcher«!)! Wann waren sie schon einmal aufmerksam (»Käse«!)? Was unterschied diese Situation von den anderen? Was habe ich da anders gemacht?

Du denkst jetzt vielleicht: Aber meine Klasse ist *immer* unaufmerksam. Ich frage dich: Gab es nicht vielleicht schon mal eine kleine Ausnahme? Nein, sagst du. Dann stell dir mal vor, es hätte eine Ausnahme gegeben. Wie sähe das aus? Was wäre dann anders gewesen? Kannst du dir eine kleine Veränderung vorstellen, die du in der nächste Stunde umsetzt? Was wirst du konkret tun? Und woran merkst du, dass deine Veränderung etwas gebracht hat? Die Klasse wäre ruhiger, sagst du. Gut! Wie lange soll die Klasse ruhiger sein? Was wäre ein erster Erfolg?

---

2   Ein Bild, das die Jugendlichentherapeutin Mechthild Reinhard (Fachklinik am Hardberg, Odenwald) manchmal verwendet.

45 Minuten? Oder wäre es für den Anfang schon schön, wenn sie 5 bis 10 Minuten konzentriert bei der Sache sind? Wie reagierst du, wenn es nach elf Minuten guter Lernatmosphäre wieder unruhig wird? Fragst du dann: Warum macht ihr jetzt wieder so einen Krach (»Löcherfrage«)? Oder sagst du: Super, ihr habt es heute geschafft, euch elf Minuten lang zu konzentrieren! Sollen wir Morgen gucken, ob ihr es zwölf Minuten lang schafft?

Vielleicht war die Klasse aber nur neun Minuten aufmerksam, obwohl dein Ziel zehn Minuten waren. Wie wirst du dich fühlen, wenn du dann aus der Klasse herauskommst? Gibst du dir die Note mangelhaft (»Löcher«), weil du dein Ziel nicht erreicht hast? Oder gibst du dir die Note befriedigend plus, weil du diesem Ziel schon näher gekommen bist und du morgen die Zehnminutenschallmauer durchbrichst (»Käse«)?

Fragen über Fragen, aber wir merken, dass die Herangehensweise systemisch-lösungsorientierter Beratung versucht, zwei Dinge zu verbinden.

Erster Schritt: Wir schauen, wie wir aus Schwierigkeiten Probleme herstellen. Die wichtige Erkenntnis ist dabei: Probleme sind hausgemacht. Wenn wir uns selbst Probleme bereiten können, können wir diese auch lösen! Dazu müssen wir zunächst bereit sein, unsere alten »falschen« Lösungsversuche beiseite zu stellen. Wir nehmen eine Schwierigkeit als Schwierigkeit. Es ist schwierig, eine Klasse zu dauerhafter Aufmerksamkeit zu motivieren. Ja, es ist sogar unmöglich und der Versuch, es dauerhaft und in jeder Situation und unter allen Umständen hinzubekommen, zum Scheitern verurteilt.

Zweiter Schritt: Wir überlegen uns *eine* Veränderung, die wir in unserem System vornehmen können. Wir nehmen dann auch tatsächlich eine kleine (!) Veränderungen im System vor und vertrauen darauf, dass sich von daher weitere Veränderungen anschließen. Wir lassen uns auch kleine Erfolge nicht madig machen. Denn: Wenn wir einmal eine konkrete Veränderung herbeiführen konnten, dann ist bewiesen, dass Veränderungen möglich sind. Deswegen dürfen wir auf jede noch so kleine Veränderung, die wir umgesetzt haben stolz sein.

Schritt eins zu Schritt zwei bedeutet einen Dreh! Von der Problemhaltung zur Lösungshaltung. Die *Problemhaltung* kann man sich mit den Begriffen »unzulängliche Zuschreibung« und

»selbsterfüllende Prophezeiung« verdeutlichen. Alle meine Wahrnehmungen sind darauf geeicht, die Löcher zu entdecken. Wo habe ich Defizite? Wo sind die anderen unzureichend? Eine unzulängliche Zuschreibung liegt schon dann vor, wenn ich sage, dies ist eine störende Klasse. Der Weg, bis ich dann sage, die Klasse ist gestört, ist dann nicht mehr weit. Es genügt, sich Defizite und Unzulänglichkeiten nur vorzustellen, damit sie auch »wirklich« wahrgenommen und verstärkt werden. Wir haben es dann bekannter Weise mit »selbsterfüllenden Prophezeiungen« zu tun.

Sie kennen doch die Geschichte vom Mann mit dem Hammer! Wenn nicht, lassen Sie sich die Geschichte erzählen. Im Gegensatz zur Problemhaltung dreht die *Lösungshaltung* den Blick hin zu den Ressourcen. Dazu bedarf es manchmal zunächst gewisser Umdeutungen: Die Klasse ist dynamisch, sie hat Energie. Wir haben beim Streiten einen guten Kontakt. Wie nutzen wir gemeinsam eure Dynamik und den intensiven Kontakt, der möglich ist? Das mag paradox klingen, ist es aber eigentlich gar nicht. Wenn ich den Blick von den Defiziten wegnehme und auf die Ressourcen hinwende, dann wird sich auch etwas zum Besseren hin verändern. Ist es nicht auch für uns ermutigend und motivierend, wenn bei uns auf den Käse und nicht auf die Löcher geguckt wird?

Was haben solche Erkenntnisse aus der systemisch-lösungsorientierten Beratung mit der Spiritualität von uns Lehrern zu tun? Wenn man ein bestimmtes Schülerverhalten als Information sieht und nicht sofort negativ bewertet, kann man eine freiere Haltung den Schülern gegenüber gewinnen. Wenn ich Schülern gegenüber auf Zuschreibungen verzichte, kann ich die Beziehung wahrnehmen und muss nicht von »Gestörten« sprechen. Wenn es gelingt, meine und die Ressourcen anderer wahrzunehmen, dann erweitern sich meine Handlungsmöglichkeiten. Eine lösungsorientierte Haltung ist insofern spirituell, als es in ihr um ein qualifiziertes »Leerwerden«[3] geht. Leerwerden meint den Abbau von behindernden Vorurteilen und die Zuwendung zum Gegenüber ohne vorschnelle Zuschreibung. Diese Haltung kann es ermöglichen, Bewertung auf die Noten zu beschränken

---

3   Ein treffendes Wort meiner Lehrsupervisorin Maria Klima-Hahn.

und nicht auf Personen anzuwenden. In dieser Haltung kann es gelingen, Widerstand möglichst nicht entstehen zu lassen.

Wie können wir arbeiten? Der erste Dreh liegt darin, die Schulwirklichkeit anders zu betrachten. Eine Haltungsänderung ist dann hilfreich, wenn ich mir sage: Wie ich die Wirklichkeit anschaue, so schaut sie zurück. Lösung durch Haltung! Das lässt sich auch an einem zentralen Ausspruch von Jesus ablesen: »Kehrt um und glaubt an das Evangelium!« Das kann für unsere Arbeit in der Schule bedeuten: Je eher wir in ihr ein sinnvolles Ganzes (»Evangelium«) zu erblicken vermögen, desto mehr gelingt uns Innehalten und Veränderung, Einkehr und Umkehr. Weg von der Problemhaltung hin zur Lösungshaltung. Aber diese Gedanken verweisen schon auf den zweiten Punkt.

Der Grund, auf dem wir stehen

Die lösungsorientierte Haltung kommt dann an eine Grenze, wenn sie mit Beliebigkeit verwechselt wird. Eine spirituelle Haltung aufgrund einer lösungsorientierten Perspektivenänderung hat etwas Befreiendes. Manchmal wird aber mit dieser Haltung auch jede persönliche Gewissheit verabschiedet. Die Phänomenologie hält demgegenüber die Frage nach unserer Gewissheit offen. Sie kritisiert, wenn man so will, eine bestimmte Form des Machbarkeitswahns, der Lehrern nicht fremd sein dürfte.

Unsere Selbstgewissheit ist nämlich oft nur dann in Ordnung, wenn wir unsere Arbeit zufriedenstellend erledigen. *Aber*, das kennt jeder der unterrichtet, die beste Vorbereitung, die tollste Umsetzung in der Stunde hat sich spätestens nach der Unterrichtsstunde auf dem Weg ins Lehrerzimmer aufgebraucht. Nach dem Spiel ist vor dem Spiel. Nach der Pause steht eine neue Stunde bevor. Wieder liegt die nächste Aufgabe vor uns. Läuft diese Stunde aus dem Ruder, können wir uns schützen, in dem wir den Blick auf die anderen werfen und den Schülern die Schuld daran geben. Wir merken, es ist wieder der Löcherblick. Leider bekommen wir jedoch den Käseblick nicht hin. Wir fühlen uns und unsere Fähigkeiten in Frage gestellt. Es ist leider *nicht* so, dass sich gute Stunden in uns anreichern wie (blöder Vergleich!) radioaktives Plutonium mit einer Halbwertzeit von mehreren Millionen Jahren und schlechte Stunden in unserer Erinnerung platzen wie die Seifenblasen vom Kindergeburtstag. Wir machen uns abhängig vom Erfolg unseres Handelns. Unsere Selbstgewissheit gründet in unserem Lehr-Erfolg. Er konstituiert unser Selbstverständnis. Wir haben gelernt, dass wir in der Schule das wert sind, was wir leisten, also gründet unsere Gewissheit auch in dem, was wir leisten. Wir sind unseres Geschicks Meister und erzeugen uns als erfolgreiche Lehrer selbst.

Das bedeutet aber in der Konsequenz, dass die uns entgegenstehende Wirklichkeit (unsere Schüler z.B.) uns immer wieder auf den Boden der Tatsachen herunterholt. Wir merken dann immer wieder, dass unser Selbstbild eine Illusion ist. Wenn wir den Grund unserer Gewissheit selbst legen müssen, dann beginnt er schnell zu wanken. Der Grund, auf dem wir stehen, wird zum Abgrund oder er wird zu einem Sumpf, aus dem wir uns am eigenen Schopf herauszuziehen versuchen. Anstelle unserer ursprünglichen Selbstgewissheit tauchen nun abgrundtiefe Selbstzweifel auf. Aus: »Ich bin selbst meines Glückes Schmied« wird: »Ich grabe an der Grube, in die ich selbst hineinfalle.« Jean Paul sagt: »Ach, wenn jedes Ich sein eigener Vater und Schöpfer ist, warum kann es nicht auch sein eigener Würgeengel sein?«[4]

Gibt es aus dieser Falle einen Ausweg? Gibt es einen spirituellen Dreh vom Zweifel zur Gewissheit? Einen hilfreichen spirituellen Dreh finde ich in einem Gedanken, der zwei Seiten einer Medaille darstellt. Unsere Selbstgewissheit als Lehrer sollte in Distanz zu unserer Rolle begründet sein. Und: In unserer Rollensicherheit schützen wir die Selbstgewissheit unserer Person.

Zum ersten: Ich habe zwar in meinem Beruf als Lehrer ordentlich zu handeln, aber ich bin nicht diese Handlungen. Ich bin Ich-Selbst vor all meinen Handlungsvollzügen als Lehrer. Es gibt eine Seite meiner Person, die quasi geschützt und heilig ist und an die niemand hinlangen kann. Wenn das so ist, dann schütze ich meine Person vor allzu persönlicher Zudringlichkeit. Für Schüler, Kollegen und Eltern steht an der Pforte zum »Allerheiligsten« meiner Person ein Schild: Zutritt verboten! Es gibt

4   Das Zitat findet sich bei: Rüdiger Safranski, Schopenhauer und die wilden Jahre der Philosophie, Frankfurt/M. 2001, 105.

einen heiligen Bezirk meines Personseins, weil ich mich nicht selbst (z.B. durch mein Handeln) erzeuge. Der Theologe, Philosoph und Pädagoge Friedrich Schleiermacher nennt dieses das »unmittelbare Selbstbewusstsein«. Man könnte das als das einzigartige Gefühl umschreiben, dass es einen Moment des eigenen Inne-Seins gibt, hinter den nicht zurückgegangen werden kann und der so etwas wie ein Gottesbewusstsein zum Ausdruck bringt. Ich habe mich nicht selbst empfangen. Ich bin eine Gabe. Ich bin mir selbst gegeben. Ich habe Aufgaben.

Zum zweiten: Arnold Gehlen sagt: »Wer nicht innerhalb seiner Umstände, sondern unter allen Umständen Persönlichkeit sein will, kann nur scheitern.«[5] Flapsig ausgedrückt: Wer immer nach allen Seiten offen ist, kann nicht ganz dicht sein. Meine Rolle gibt mir Sicherheit. Wenn ich nach dem Sinn meiner Arbeit frage, kann mir die Institution, in der ich arbeite, ebenfalls Sicherheit geben. Es klingt zwar skurril, es ist aber stimmig, wenn ich mir sage: Ich bin Lehrerin. Ich bin Lehrer. Ich bekleide ein Amt. Der Sinn meiner Arbeit liegt darin, meine Rolle gut auszufüllen. Wenn ich meine Rolle ausfülle, vertrete ich eine normative Ordnung, in die die Schüler hineinwachsen sollen. Ich vertrete aber nicht mich und meine Ordnung!

Eine Unterrichtstörung z.B. lässt sich vor diesem Hintergrund in zwei Arten einteilen. Sie kann (1.) ein Verhalten sein, das von den Erwartungen der Schule einfach nur abweicht. Oder sie ist (2.) ein Verhalten, das von den Erwartungen der Schule abweichen *will*. Im zweiten Fall wird die Rolle des Lehrers in Frage gestellt. Die Störung hat dann Erfolg, wenn die Schüler mit dem Lehrer diskutieren, was guter Unterricht ist und welche Normen in ihm gelten. Das mag möglich sein, aber nur wenn der Lehrer eine solche Diskussion aus seiner Rolle heraus erlaubt und leitet. Verheerend wird sie, wenn dabei seine Rolle zur Disposition steht. Jürgen Kaube empfiehlt daher: Man darf sich nur ausnahmsweise persönlich geben.[6] Die Antwort auf jede Störung zweiter Art muss heißen: Ich bin hier die Lehrerin! Ich bin hier der Lehrer!

---

5   Arnold Gehlen, Anthropologische Forschung, Reinbek bei Hamburg 1961, 72.
6   Jürgen Kaube, Kleine Theorie der Unterrichtsstörung, in: FAS, 29.8.2004 und 5.9.2004.

Was ist spirituell an solchen Überlegungen? Früher hat man gesagt: Wem der Herr ein Amt gibt, dem gibt er auch Verstand! Die Blues Brothers sagen: Wir sind im Auftrag des Herrn unterwegs! Beides stimmt. Ob man sich nun als Christ versteht oder nicht. Es gilt: Ein perfekter Lehrer muss ich nur sein, wenn ich den Grund, auf dem ich stehe, selbst bereiten muss. Ein (im positiven Sinne) ausreichend guter Lehrer kann ich sein, wenn ich den gegebenen Auftrag erfülle. Als Lehrer arbeite ich im Auftrag anderer: der Eltern, der Gesellschaft und vielleicht auch im Auftrag meines Gottes. Aber nie in *meinem* Auftrag. Das verbieten die Rolle und das Amt. Aber als Lehrer schützen mich gleichzeitig meine Rolle und mein Amt, weil alle Kritik dann nur sie betrifft und nicht meine Person.

Lehrer sind im besten Falle gute Epigonen – im schlimmsten Fall sind sie schlechte Originale. Der Grund, auf dem wir stehen; er ist uns vorgegeben; wir beackern ihn hoffentlich, wir legen ihn nicht selbst. Der zweite Dreh liegt in der Wahrnehmung der Tatsache, dass unser Handeln als Lehrer nicht Gewissheit schafft, sondern bestenfalls auf Gewissheit aufbaut.

Der vergessene Bildungsaspekt

Die Pisa-Studie hat den Blick verengt. Kenntnisse, Können und Fertigkeiten stehen im Zentrum des Interesses. Wenn Lehrer ihre Arbeit als Teil eines sinnvollen Ganzen verstehen wollen, dann haben sie nie nur die Aufgabe, Stoff zu vermitteln. Sie wissen, dass die Töne, die sie beibringen, eine Melodie ergeben sollen. Das bedeutet, dass sich der Lehrer fragen sollte, aufgrund welcher ethischen Orientierung er seinen Beruf ausführt und mit welcher ethischen Grundhaltung er seinen Schülern im Unterricht begegnet. Die gesellschaftliche Bedeutung dieser Frage zeigt sich in der Diskussion um Wertevermittlung. Aber an dieser Frage entscheidet sich auch der gesellschaftliche Ort des Unterrichts zwischen Beliebigkeit und Fundamentalismus.

Die ethische Orientierung des Lehrers und damit seine Spiritualität haben eine nicht überschätzbare Funktion in einer pluralistischen Gesellschaft. Je deutlicher er sich seiner ethischen, d.h. religiös-weltanschaulichen Grundüberzeugung bewusst ist und diese sozusagen gleichermaßen positionell und pluralistisch, offen und diskursiv zur Sprache bringen kann, desto eher kann er seine Arbeit als Teil eines sinnvollen Ganzen verstehen. Dass es dabei gerade nicht um Indoktrination von Kindern geht, ist vorausgesetzt. Religionsfreiheit lebt nicht zuerst von (»negativer«) Religionsneutralität, sondern vor allem von (»positiver«) Religionsoffenheit. Eine radikale Religionsneutralität vermeidet notwendige Klärungen und überlässt die Gesinnungsbildung religiösweltanschaulichen »Rattenfängern«.

Wir sind es gewohnt zu sagen, dass unsere Wirklichkeitswahrnehmung perspektivisch ist. Aber diese wichtige Einsicht klärt nicht die eigene Perspektive. Die spirituelle, ethisch orientierende Frage, die wir uns stellen sollten, lautet: Von welchem Standpunkt aus überblickst du das Ganze deiner vielfältigen Aufgaben? Ich finde diese Frage besonders treffend bei Eugen Fink fixiert. Er sieht im methodischen Verzicht auf einen Mitglauben an »im Schwang« befindliche Grundüberzeugungen die Ursache für Relativismus, Historismus und Skeptizismus. Erziehungsziele werden dann problematisch, wenn sie von Erziehungswissenschaftlern und -praktikern quasi autonom gesetzt werden. So geht die Beziehung zu dem lebensweltlich vorfindlichen Ethos verloren. Fink kritisiert die Unverbindlichkeit und Bodenlosigkeit einer Kultur, in der alles gleich wahr oder unwahr ist:

Wir kennen alle bis zur Langeweile diese pseudokritische Art moderner Kulturhistorie, die sich über allen Dogmatismus erhaben dünkt, weil sie an nichts mehr wirklich glaubt. Aber solche stagnierende Glaubenslosigkeit ist gerade das Gegenteil einer echten und radikalen Kritik. Wo Nihilismus nicht mehr erlitten, wirklich erfahren ist als das glühende Eisen, das uns ins Mark brennt, wo er zur gekonnten Attitüde, zum Metier geworden ist, ist er die oberflächlichste und seichteste aller Haltungen.[7]

Vielleicht ist unsere Schulwirklichkeit ja deshalb so, wie sie ist, weil wir nicht wissen, was das Ganze eigentlich soll. Weil wir nicht wissen, was das Ganze eigentlich soll, kommt das Methodentraining vor den Inhalten des Unterrichts. Weil wir nicht

---

7 Eugen Fink, Natur, Freiheit, Welt. Philosophie der Erziehung, Würzburg 1992, 38.

wissen, was das Ganze eigentlich soll, steht das fachlich zu Vermittelnde ohne Bezug zu ethischen Orientierungen. Weil wir nicht wissen, was das Ganze eigentlich soll, kommt das Äußere und Oberflächliche vor dem Inneren und Tiefen.

Eine einseitig fachlich gePISAkte Bildung kann aber immer nur Halbbildung sein. Braucht die Schule also eine Metaphysik? Braucht sie eine allgemein zu vermittelnde politische Theorie oder Theologie, die sagt, wo es zwischen Beliebigkeit und Fundamentalismus lang geht? Ich hoffe nicht! Die Schule als Polis, als eine säkular begründete »Kirche«, wie sie Hartmut von Hentig fordert?[8] Bitte nicht!

Es würde schon genügen, wenn die Schule ein Ort wäre, an dem ethisch-religiöse Fragen eine Rolle spielen, wenn sich die Schulgemeinschaft in einem größeren Ganzen eingebettet wüsste, das sie nicht erst herstellen muss. Die Schule *ist* Teil einer freiheitlich-demokratische Gesellschaft, die getragen wird von ethisch-religiösen Gewissheiten. Sie erzeugt selbst keine Gewissheiten, sondern kann auf Gewissheiten zurückgreifen, weil sie gelebt werden, z.B. in den christlichen Kirchen. Wie hat der Verfassungsrechtler Ernst-Wolfgang Böckenförde treffend gesagt? Unser Staat lebt von Voraussetzungen, die er selbst nicht schafft. Das gilt auch für die Schule. Schulen erfüllen ihren Bildungsauftrag vor allem aufgrund zweier Traditionen: Humanismus und Christentum.[9] Aufgrund dieser Traditionen wird Religionsoffenheit hoffentlich so gelebt, dass auch für jüdische und islamische Traditionen z.B. ein Religionsunterricht immer selbstverständlicher wird.

Vielleicht ist deutlich geworden, was ich unter der Überschrift »Der vergessene Bildungsaspekt« meine. Vielleicht ist aber nicht so deutlich geworden, was dies mit unserer Spiritualität als Lehrer zu tun hat. Wilhelm Dilthey verstand Bildung als Funktion aller Institutionen der menschlichen Gesellschaft, die bei der Gestaltwerdung des Inneren des Menschen mitwirken.[10] Diese Institutionen sind nicht nur Wirtschaft und Wissenschaft, wie es

---

8   Hartmut von Hentig, Die Schule neu denken, München, Wien 1994, 189.
9   So z.B. §2(1) des Hessischen Schulgesetzes von 1992; Gesetz- und Verordnungsblatt für das Land Hessen II, 72–123.
10   Wilhelm Dilthey, Pädagogik. Geschichte und Grundlinien des Systems, Gesammelte Schriften IX. Band, 4. unveränderte Aufl., Stuttgart, Göttingen 1986, 191.

heute manchmal scheint, sondern auch Institutionen der Kunst und der Kultur und nicht zu vergessen, die Kirchen als Institution. Weder wir als Einzelne noch unsere Gesellschaft als Ganze, ist eine tabula rasa. Wie wir den Grund, auf dem wir stehen, nicht selbst legen, so setzen wir selbst auch nicht die Bildungsziele, auch sie sind schon da, in den Institutionen unserer Gesellschaft und den religiös-ethischen Orientierungen, die in ihr gelebt werden. Der dritte Dreh besteht also darin, im Blick aufs Ganze das Einzelne erhellt zu bekommen. Entlastend ist dieser Dreh, wenn wir wissen, dass die Puzzleteilchen, die wir Stunde für Stunde im Unterricht versuchen zusammenzufügen, ein Bild ergeben. Kein Mensch setzt sich an ein Puzzle, wenn er nicht das Gesamtbild kennt, das entstehen soll. Das einzelne Können und die einzelnen Fertigkeiten, die wir vermitteln sollen, hängen nicht in der Luft, sie begründen sich aus dem Ganzen unserer gesellschaftlichen Wirklichkeit.

Unser wichtigstes Steuerinstrument

Wir arbeiten als Lehrerin und Lehrer mit einer Haltung, die den Käse und nicht die Löcher in ihm wahrnimmt. Wir können unsere Selbstgewissheit aufgrund unserer Rollensicherheit schützen. Wir haben einen Blick für das Ganze der Bildung. Was fehlt? Spirituelle Kompetenz als Steuerinstrument der ganzheitlich gebildeten Person des Lehrers? Zunächst, formal ausgedrückt, verfügt ein spiritueller Lehrer über ein Selbstverständnis, das sich seiner Herkunft und seines Lebenszieles bewusst ist und aufgrund dessen er auch weiß, auf welchen Wegen er dieses Ziel erreichen oder auch verfehlen kann. Spirituelle Kompetenz erweitert den intelligenten Einsatz unseres Könnens um die Selbsterfahrung unserer Gefühle. Unser Gefühl begründet unsere Intelligenz und unsere Intelligenz vollzieht das, was uns ursprünglich emotional vorgegeben ist. Spirituell kompetent ist also ein Handeln, welches aus der Stärke personaler Identität erwächst. Handeln wird von religiöser Gewissheit geleitet. Wenn ich nach dem Unterricht darauf achte, dass die Tafel für den nachfolgenden Kollegen geputzt ist, dann drückt dies meine Lebenseinstellung aus. Ich lasse mich von den Implikationen meiner

Religiosität also nicht nur Sonntags leiten, sondern gerade in meiner Arbeit. Unsere persönlich entfaltete Identität als Lehrerin und Lehrer ist das Steuerinstrument unserer kompetenten beruflichen Praxis.[11]

Ich höre Sie denken: Herr Kutting, wo bleibt die Leichtigkeit, was ist der Dreh an der Sache? Der Dreh ist der, dass es sich nicht um einen Dreh handelt. Spirituelle Kompetenz lässt sich theoretisch nicht vermitteln. Sie besteht nicht in einem willentlich vollziehbaren Perspektivenwechsel. Sie bedeutet zwar die Innenseite aller Bildung, besteht aber blumig *und* ernst ausgedrückt in »der Einfalt des Herzens«. Was hier gemeint ist, hat Luther für die evangelische Frömmigkeit in seiner Auslegung des dritten Artikels des Glaubensbekenntnisses zur Sprache gebracht: »Ich glaube, dass ich nicht aus eigener Vernunft noch Kraft an Jesus Christus, meinen Herrn, glauben oder zu ihm kommen kann; sondern der Heilige Geist hat mich durch das Evangelium berufen, mit seinen Gaben erleuchtet, im rechten Glauben geheiligt und erhalten ...«[12]

Eine Grundüberzeugung evangelisch christlicher Frömmigkeit ist es demnach, dass wir zwar den äußeren Formen der Kultpflege vertrauen dürfen und diese auch nötig haben, sie sind aber keine Garantie dafür, dass ich auch zum Glauben komme. Antifundamentalistisch ist daran: Kein Argument und keine Gewalt kann mich zum Glauben bringen oder zwingen. Antirelativistisch ist daran: Kein Argument und keine Gewalt kann mir meinen Glauben nehmen. Dieser Glaube muss nicht christlich-religiös sein, er findet sich ähnlich vielleicht auch bei Schopenhauer, wenn er über Kant schreibt: »Ein wesentlicher Unterschied zwischen Kants Methode und der, welche ich befolge, liegt darin, dass er (Kant) von der mittelbaren, der reflektierten Erkenntnis ausgeht, ich dagegen von der unmittelbaren, der intuitiven ... Diese ganze uns umgebende, anschauliche, vielgestaltete, bedeutungsreiche Welt überspringt er und hält sich an die Formen des abstrakten Denkens.«[13] Wir selbst sind unser wichtigstes Steue-

11   Eilert Herms, Was heißt »theologische Kompetenz«?, in: Theorie für die Praxis-Beiträge zur Theologie, München 1982, 48.
12   Martin Luther, Der kleine Katechismus (1529).
13   Zitat in: Rüdiger Safranski, Schopenhauer und die wilden Jahre der Philosophie, Frankfurt/M. 2001, 236.

rungsinstrument, wenn wir den Bedeutungsreichtum unserer Welt nicht überspringen, sondern uns auf ihre verunsichernde Vielgestaltigkeit einlassen. Dann stehen wir manchmal vordergründig gesehen mit leeren Händen vor unseren Schülern, wir wissen aber, sie sind offen! Wenn das kein Dreh ist?

Spirituelle Lösungen

1. Lösung durch Haltung

Wegzehrung: Das Geheimnis der Seele achten

Mich frustrieren oft weniger die Schüler, die frech und aufmüpfig sind, als die Schüler, an die ich aus unbestimmten Gründen nicht herankomme. Mit den Aufmüpfigen kann ich mich auseinandersetzen, streiten und auch mal einen Machtkampf führen. Es ist ja auch leicht durchschaubar, die aufmüpfigen Schüler suchen Kontakt und sind ja zuletzt auch dankbar, dass dem nicht ausgewichen wird. Problematisch würde es erst dann werden, wenn den Aufmüpfigen mehr Zeit als dem Unterricht gewidmet würde. Mit den Unnahbaren fällt mir der Umgang schwerer, ich erwische mich dabei, dass ich ihr Verhalten als Ablehnung meines Unterrichts und meiner Person werte. Mich ärgert, dass ich diese stillen Wasser eigentlich gern mag, aber sie keinen Einblick in ihren tiefen Grund geben. Ich wünsche mir, dass sie einen ihrer Schätze mal aus der Tiefe ohne Scheu ins helle Licht stellen würden. Bei diesen Schülern stehe ich völlig im Dunkeln, ob ich sie erreiche oder nicht, wobei halt eben das unangenehme Gefühl vorherrscht: Die erreichst du nicht.

Es gibt anscheinend zwei Tendenzen im pädagogischen Umgang mit Schülern. Es taucht wohl immer die inhaltliche Frage auf: Wie weit darf ich mit meiner christlichen oder religiösweltanschaulichen Einstellung auf das Innere Einfluss nehmen oder inwiefern ist es gar meine Pflicht Einfluss auf das Innere zu nehmen? Den Blick vom Inhalt auf die Schüler gekehrt heißt die Frage dann: Wie weit geht die Achtung vor meinem Gegenüber oder ist es gar meine Pflicht keinen Einfluss auf das Innere zu nehmen? Gibt es eine Befreiung aus der Zwickmühle: Dem Willen und der Pflicht zur Bildung des Inneren und der Achtung vor dem Geheimnis der Seele, wie sie ist?

Lassen wir uns von Jesus beraten. Ein reicher Jüngling fragt Jesus: »Guter Meister, was soll ich Gutes tun, dass ich das ewige Leben möge haben?« (Mt 19,16ff.) Jesus antwortet, wie es scheint, recht schematisch: »Halte die Gebote!« Der Jüngling lässt jedoch nicht locker, er will sich nicht mit einem Verweis auf die Tradition abspeisen lassen: »Das habe ich alles gehalten von meiner Jugend auf; was fehlt mir noch?« Antwort: »Willst du vollkommen sein, so gehe hin, verkaufe, was du hast, und gib's den Armen, so wirst du einen Schatz im Himmel haben; und komm und folge mir nach!« Das Matthäus-Evangelium beendet diese Begegnung mit dem Satz: »Da der Jüngling das Wort hörte, ging er betrübt von ihm, denn er hatte viele Güter.«

Welchen Rat für unser Problem »Einfluss oder Achtung« bekommen wir hier von Jesus? Jesus lässt sich nach einigem Zögern, welches wohl die Ernsthaftigkeit des Fragers prüft, auf die Gewissensnot des reichen Jünglings ein. Er macht ihm das Liebesangebot, den steinigen Weg zum Vater gemeinsam zu gehen, und wird stehen gelassen. Die Annäherung konnte nur bis zu einem bestimmten Punkt erfolgen, der formalen Einhaltung der Gebote eben, nicht aber bis zur persönlichen Hingabe des ganzen Menschen an Jesus. Der Jüngling ging betrübt, aber Jesus ließ ihn auch gehen. Sein Angebot ging ans Innerste, blieb aber freies Angebot.

Das würde ich gern für den Umgang mit den Unnahbaren lernen: Als aller Erstes gilt die Achtung vor dem Geheimnis der Seele des Anderen. Sofern diese gewahrt bleibt und ich auch das Geheimnis meiner Seele wahre, kann ich darauf vertrauen, dass Gott sein Wort auch für verschlossene Menschen bereit hält. Ich muss eingestehen, dass er mich nicht zum Instrument erwählt hat, es zu vermitteln. Diese Einsicht mag betrüben, ist jedoch der Ausgangspunkt für einen freien und souveränen Umgang mit meinen Schülern. Ein dürftiger Schluss? Ein dürftiger Schluss nur dann, wenn ich die Seele für etwas Statisches halte und nicht mit einer Entwicklung des Inneren rechne. Gehe ich bei aller pädagogischen Mühe zunächst von dem unantastbaren Geheimnis eines menschlichen Herzen aus, dann bedeutet dies eher eine heilsame Resignation für meine Arbeit. Eine Resignation, aus der eine vielleicht evangeliumsnahe Haltung resultiert, nämlich alles zu tun, das Gelingen aber Gott zu überlassen.

Arthur Schopenhauer – Oder:
Unsere Kinderjahre sind eine fortwährende Poesie

Für das Licht im Schlafzimmer gibt es keine Fernbedienung. Es kann daher passieren, dass man im Bett liegt und vergessen hat, es vorher auszumachen. Man steht jedoch nur ungern noch mal auf. In dem Film »Das Leben ist schön!« ist genau dies die Situation einer kurzen Szene. Zwei Cousins sind zu Bett gegangen und wollen einschlafen. Wer macht das Licht aus? Der Held des Films sagt (und unterstreicht seine Worte mit magischen Handbewegungen): »Mit Schopenhauer geht es: Licht, geh aus! Licht, geh aus! Licht, geh aus!« Das wiederholt er so lange, bis der Cousin entnervt aufsteht und das Licht ausschaltet. Mit Schopenhauer gelang es, die Wirklichkeit durch den eigenen Willen zu verändern.

Schön wäre es, wenn unsere Vorstellungen wie im Film unsere Unterrichtsgruppen beeinflussen könnten: »Klasse ruhig! Klasse ruhig! Klasse ruhig!« Die Magie solcher Worte wird wahrscheinlich die Klasse kalt und ihr Lärmbedürfnis ungebremst lassen. Aber vielleicht funktioniert unsere Vorstellungsänderung dennoch. Nicht bei der Klasse, sondern bei uns Lehrern selbst und durch diese Änderung bei uns wieder bei ihr. Es gibt Suggestionen, die ohne direkte, offene Aussprache funktionieren. Wenn man jemanden freundlich anschaut, schaut das Gegenüber meist freundlich zurück. Wenn ich eine Klasse nicht als störend empfinde, findet sie sich vielleicht auch nicht gestört und verzichtet auf Störung. Noch mal in etwa mit Schopenhauer gesprochen: Erkenne, was du willst, und du erzeugst, was du willst. Der Wille, der du bist, manifestiert sich wahrnehmbar in deinem Körper. Dein Wille wird ohne Worte erlebbar, weil er sich in dir und deinem Sein manifestiert.

Hören wir etwas länger auf Schopenhauer, den »rationalsten Philosophen des Irrationalen«, wie Thomas Mann sagte:

Unsere Kinderjahre sind eine fortwährende Poesie. Nämlich das Wesen der Poesie, wie aller Kunst, besteht im rein objektiven, mithin willenlosen Erkennen und dadurch im Auffassen der Idee, d.h. des Wesentlichen und darum allem Verschiedenen Gemeinsamen, im Einzelnen – so dass jedes Einzelne ein Repräsentant der Gattung wird, *ein* Fall für Tausend gilt. Obgleich nun es scheint, dass wir in den Szenen unsrer Kinderjahre

27

stets nur beschäftigt sind mit dem jedesmaligen individuellen Gegenstand oder kleinen Vorfall, und zwar nur sofern er unser momentanes Wollen interessiert, so ist es doch im Grunde anders. Nämlich das Leben in seiner ganzen Bedeutsamkeit steht noch so neu, frisch, ohne Abstumpfung seiner Eindrücke durch Wiederholung vor uns, dass wir, mitten unter unserm kindischen Treiben, stets im Stillen und ohne deutliche Absicht, beschäftigt sind, an den einzelnen Szenen und Vorgängen des Lebens selbst, die Grund-Typen seiner Gestalten und Darstellungsweisen aufzufassen: daher die festeste Grundlage unserer Weltansicht, das Flache oder Tiefe derselben, sich schon in den Kinderjahren bildet und später nur ausführt, nicht geändert werden kann. ... Wegen dieser rein objektiven und dadurch poetischen Ansicht, die dem Kindesalter wesentlich ist und dadurch unterstützt wird, dass der Wille noch lange nicht seine volle Energie zeigt, verhalten wir uns als Kinder bei weitem mehr rein erkennend als wollend. ... Eben deshalb sind die Kinderjahre so selig und ist die Erinnerung an sie stets von Sehnsucht begleitet. Dabei ist nun die *Erziehung* immerfort bemüht, uns Begriffe beizubringen: aber *Begriffe* sind nicht das Wesentliche: dieses vielmehr, der *fond* und Gehalt aller unserer Erkenntnisse, die wahre Substanz derselben, liegt in der anschaulichen Auffassung der Welt: und diese eben kann nur von uns selbst gewonnen, und auf keine Weise *beigebracht* werden.[14]

Es wurde schon oft darauf hingewiesen, dass unsere Kinder zunehmend Wirklichkeit aus zweiter Hand erleben. Sie erkunden Burgen virtuell, statt den beschwerlichen Weg hinauf zur Burg erst einmal wirklich zu gehen. Aber wir wollen ja nicht über unsere Schüler und unsere blöde medial vermittelte Welt lamentieren, ohne auf uns selbst als Lehrer zu schauen. Leben wir in unserem Unterricht nicht auch aus zweiter Hand und geben Begriffe weiter, die von uns selbst nicht erfahren wurden und hinter denen keine eigenen Erfahrungen stehen? Wie verbinden wir die einzelnen Elemente unserer Unterrichtsgegenstände zu einem Ganzen? Haben wir selbst eine anschauliche Auffassung der Welt gewonnen? Können wir uns an unsere Kinderjahre und ihre »fortwährende Poesie« erinnern? An das willenlose Erkennen und Auffassen der Idee? An das Erfassen des Wesentlichen im Einzelnen? Haben wir den Bedeutungsgehalt ganz verloren, der uns als Kind in jeder Feder, jeder Kastanie und jedem gefunde-

---

14   Arthur Schopenhauer (1788 Danzig – 1860 Frankfurt/M.), Der handschriftliche Nachlaß, hg. v. Arthur Hübscher, Bd. 3, Frankfurt/M. 1966, 38 f.

nen Kiesel entgegensprang? Oder erinnern wir uns an die große Welt unserer Kindheit? An das, was uns nicht beigebracht wurde, aber uns voll und ganz im Besitz hatte?

Unser Schulweg damals im Schwarzwald, der an der Brigach entlang führte, war eine unermessliche Welt. Oft kamen wir mit nassen Füssen in die Schule und oft mit nassen Füssen wieder nach Hause, weil wir immer so nah am Bach entlang gehen mussten wie nur irgend möglich – und dies möglichst ohne hineinzufallen. Was einmal einem Freund passierte, der daraufhin triefend und heulend in der Schule ankam. Eine alte Hausruine auf dem Weg konnte stundenlang meine Gedanken beschäftigen. Gab es dort noch verschüttete Keller und vielleicht unterirdische Gänge?

Einmal gab ein Kollege einen Stein in der Klasse herum mit den Worten: »Ein Stein!?« Jeder äußerte seine Eindrücke zu diesem Stein: Hart, kalt, jetzt warm, rau, etc. Als der Stein wieder zu dem Kollegen zurückgekommen war, sagte er: »Ein Stein!? Aufgelesen im Urlaub in der Bretagne am Tag, als ich mich mit meiner damaligen Freundin verlobt hatte.« Der Bedeutungsgehalt dieses Gegenstandes geht über jeden Begriff hinaus und führt zurück in die ursprüngliche Poesie der Kindheit, die auch für uns erwachsene Lehrer wiedergewonnen werden kann. Ein Stein, den ich als Junge in der Ruine fand, stand lange für alle Fantasien, die ich hatte. Vielleicht sollten wir einen Gegenstand, der für den ursprünglichen Bedeutungsreichtum unserer Kindheit steht, sichtbar in unserem Arbeitszimmer haben, um immer wieder an den anschaulichen Gehalt der Welt, der alles begriffliche Verstehen übersteigt, erinnert zu werden. Die Erinnerung an die Poesie unserer Kindheit wäre dann eine Brücke zur Poesie der Kinder vor uns im Klassenraum. »Licht geh an!«

Viktor E. Frankl – Oder:
Jetzt will ich zehn Liter rausschwitzen

Als ich während des Vikariats einen Weihnachtsgottesdienst halten sollte, bereitete mich darauf mein Lehrpfarrer mit den aufmunternden Worten vor: »Die Gemeinde erwartet viel von Ihnen!« Diese Bemerkung löste bei mir einen enorm großen

Erwartungsdruck aus. Mit Schüttelfrost und Bauchschmerzen brachte ich diesen Gottesdienst hinter mich. Ich konnte dieses Weihnachtsfest im Zeichen der Prüfung nicht genießen. In der Falle aus Erwartungsdruck und Erwartungsangst saß ich noch öfter während des Vikariats, bis mir eines Tages zu Beginn eines gut besuchten Gottesdienstes unüberlegt der Satz über die Lippen kam: »Ist das aufregend, so viele Menschen heute im Gottesdienst!« Von da an hatte sich meine Angst, wie von Zauberhand weggenommen, aufgelöst.

Meine Erfahrung bestätigt das, was Viktor Frankl als paradoxe Intention bezeichnet. Eine Stresssituation erzeugt Angst, die sich in einer körperlichen Reaktion, wie Herzrasen, Zittern, Schweißausbruch, Erröten, Bauchschmerzen etc., äußert. Dies kann so weit gehen, dass die körperliche Reaktion sich beim bloßen Gedanken an die stressauslösende Situation einstellt. Dies nennt Frankl »Erwartungsangst«. Frankl durchbricht den Kreislauf aus Erwartungsangst, Versuch der Vermeidung der körperlichen Reaktion und regelmäßigem Eintreffen der Reaktion, indem er das Symptom »verschreibt«. Frankl geht dabei davon aus, dass das, was ich in paradoxer Intention bewusst herbeiführen will, sich nicht herbeiführen lässt:

Ein konkreter Fall möge dies erläutern, und zwar nehmen wir den Fall eines jungen Kollegen wieder auf, der an einer schweren Hidrophobie (Schwitzangst; D.K.) leidet. Von Haus aus ist er vegetativ labil. Eines Tages reicht er seinem Vorgesetzten die Hand und beobachtet hierbei, dass er in auffallendem Maße in Schweiß gerät. Das nächste Mal, bei analoger Gelegenheit, erwartet er bereits den Schweißausbruch, und die Erwartungsangst treibt ihm auch schon den Angstschweiß in die Poren. Unser hidrophober Kollege wurde nun von uns angewiesen, gegebenenfalls – in ähnlicher Erwartung eines Schweißausbruchs – geradezu *sich vorzunehmen*, demjenigen, dem er da begegnet, recht viel »vorzuschwitzen«. »Bisher habe ich nur 1 Liter zusammengeschwitzt«, so sagt er jeweils zu sich selbst (wie er uns nachträglich gestand); »jetzt aber will ich 10 Liter herausschwitzen!« Und das Ergebnis? Nachdem er vier Jahre lang an einer Phobie gelitten hatte, konnte er sich von ihr auf diesem von uns gewiesenen Wege – nach einer einzigen Sitzung – innerhalb einer Woche vollends und endgültig befreien.«[15]

15   Viktor E. Frankl, Theorie und Therapie der Neurosen, München 1993, 156.
(V. Frankl, 1905 – 1997: Seit 1937 Neurologe und Psychiater in Wien. 1942 mit

Es liegt auf der Hand, welche Bedeutung »paradoxe Intentionen« in der Schule haben können:

Ein Referendar, der eine Lehrprobe vor sich hat und schon beim Gedanken an den Fachleiter zu zittern anfängt, mag sich sagen: »Nun, dem werde ich jetzt einmal was vorzittern – der soll nur sehen, wie gut ich zittern kann!«

Eine Kollegin, deren Herz beim Gedanken an die nächste Stunde in ihrer »Lieblingsklasse« anfängt zu rasen, lässt sich auf dem Weg vom Lehrerzimmer in den Klassenraum folgenden Satz durch den Kopf gehen: »Das Herz soll noch mehr klopfen. Ich werde versuchen, da vorn vor dem Zimmer der Direktorin zusammenzubrechen!«

Ein Kollege, der seine Aktentasche zwanghaft mehrere Male kontrollieren muss, ob er auch alles für den Unterricht dabei hat, lässt absichtlich sein Mäppchen und das Notenbuch zu Hause. Wenn er dann in der Schule nachschauen möchte, ob ansonsten alles dabei ist, bringt er den Tascheninhalt noch ein wenig durcheinander: »Es soll heute einmal alles so unordentlich sein wie möglich!«

Dem Schüler, der immer am längsten braucht, um einen Text abzuschreiben, kann man freundlich auf die Schulter klopfen und sagen: »Lass dir Zeit, mach es schön ordentlich!« Wenn dies ohne ironischen Unterton geschieht, dann ist die Intervention nicht einmal paradox, sondern geht einfach mit dem Tempo des Schülers mit und lässt ihm den Raum, den er braucht. Aber die Reaktion hat auch für den Lehrer eine heilsame Funktion, sie bedeutet nämlich für ihn selbst eine paradoxe Intention, da er so seine Ungeduld dem Schüler gegenüber dämpfen kann.

Die Referendarin, die nach einer halben Stunde Unterricht ein Black-out bekommt, weil sie denkt, ihr fällt nichts mehr ein, sagt sich vor der Stunde: »Letztes Mal hatte ich erst nach einer halben Stunde ein Black-out, diesmal will ich es direkt zu Beginn der Stunde haben!«

Man kann sich vorstellen, dass im Kollegium ein wahrer Wettbewerb ausbricht, wem für welche Ängste, Zwänge und

Frau und Eltern ins Ghetto Theresienstadt deportiert. Frankl überlebt vier Konzentrationslager. 1955 Professor in Wien. 1970 Lehrstuhl an der Universität in San Diego, Kalifornien.)

körperlichen Reaktionen die besten und witzigsten paradoxen Intentionen einfallen: »Gestern habe ich im Unterricht nach jedem zweiten Satz »Äh« gesagt, heute sage ich es nach jedem Satz und natürlich auch vor jedem Satz!« – »Im Leistungskurs Deutsch habe ich in der letzten Stunde Goethe ohne »h« an die Tafel geschrieben und der ganze Kurs hat gelacht. In der nächsten Stunde werde ich dem Kurs mal richtig was zu lachen geben und Schiller mit »ie« und einem »l« schreiben.« – »Als sich die Schulleiterin im Lehrerzimmer neben mich gesetzt hat, bin ich »rot« geworden. Wenn sie sich wieder neben mich setzt, will ich endlich mal rot wie ein Feuerlöscher werden.« Und sollte ich, der ich solche Angst vor Peinlichkeiten habe, vielleicht bei der nächsten Gesamtkonferenz einmal die Peinlichkeit begehen und wenn alle schon dasitzen und zu mir hingucken werden, zu spät kommen und sagen: »Entschuldigung, ich habe mich verspätet!«?

Kain und Abel – Oder: Warum hebst du den Blick nicht frei?

Man stelle sich folgende Übung[16] mit Lehrern vor: Zunächst überlegt sich jeder, was er oder sie gern macht; z.B.: lange Zeitung lesen ...; ausgiebig Joggen ...; freitags in der Sauna entspannen ...; Sonntag morgens Brötchen essen und anschließend in die Kirche gehen ... Jeder soll sodann eines der gedachten Dinge – so schön es geht – auf ein Blatt Papier zeichnen.

Weiterhin kommen dann Paare zusammen und tauschen sich über ihre Zeichnungen aus. Schließlich sollen sie zu zweit vor eine erhöht sitzenden Person treten, die Direktorin. Sie schaut sich jeweils die Bilder in der Hand der beiden Lehrer genau an. Nach einer Weile zeigt sie auf eines der beiden Bilder und spricht: »Das würde ich auch gern machen!«

Was löst das aus? Bei dem Erwählten, auf dessen Bild mit wohlwollender Bemerkung gezeigt wurde, wird sich wahrscheinlich Freude einstellen – beim Missachteten, dessen Bild ignoriert wurde, womöglich Neid und Zorn. Auf wen? Sonderbarerweise

---

16 Diese Übung verdanke ich Prof. Gert Hartmann, der sie in der Vikarsausbildung in Herborn durchführte.

richten sich Neid und Zorn oft eher gegen den Nachbarn als gegen die »Direktorin«.

Was ist passiert? Die »Direktorin« hatte die Vorgabe, sich zu überlegen, was sie gern machen möchte, und sich auf jeden Fall für eines der beiden Bilder zu entscheiden. Sie sagte also nicht zum Missachteten: »Das möchte ich nicht machen. Das finde ich blöd. Dein Bild ist hässlich. Ich kann dich nicht leiden ...« Aber so ähnlich kommt es an. Wir merken, wie schnell wir in die Kain-und-Abel-Situation geraten. Kain wünscht sich für seine Opfergabe Anerkennung von Gott. Aus unersichtlichen Gründen wird die Anerkennung verweigert. Vielleicht waren Gott die Opfer von den Erstlingen der Herde des Hirten Abel lieber als die Früchte des Feldes des Bauern Kain? Vielleicht mochte Gott den jüngeren Abel lieber als den älteren Kain? Wir wissen es nicht. Jedenfalls blickte Gott gnädig auf die Opfer Abels.

Die Kain-und-Abel-Situation kommt in der Schule oft vor. Die Schulleiterin braucht gar nichts Negatives zu tun und trotzdem fühlen wir uns missachtet und nicht als Person wahrgenommen. Und zugleich wandelt sich manchmal unser berechtigtes Verlangen nach Anerkennung in Wut und Zorn, Neid und Missgunst gegen den vermeintlichen Konkurrenten. Wir denken: »Vorhin hat er noch freundlich getan, sich mit mir nett unterhalten und kaum tritt die Chefin auf, schleimt der sich bei der ein. Und bei der Chefin kann ich eh' nicht landen, weil die immer nur die anderen sieht.«

Was bedeutet das? In der Schule wird uns das Leben auf besondere Weise schwer gemacht. Es gibt hier viele Gelegenheiten, in eine Kain-und-Abel-Situation zu geraten.

- Normalerweise begegnen sich Konkurrenten um eine Stelle selten. In der Schule ist das die Regel. Eine Studiendirektorenstelle, drei Bewerber, eine Entscheidung. Alle müssen weiter miteinander arbeiten, wobei sich die nicht berücksichtigten Kollegen klein gemacht fühlen.
- Eine Kollegin möchte beim Chef ein Projekt vorstellen und Unterstützung gewinnen, der Chef hat – trotz Termin – keine Zeit, weil er gerade jetzt für einen anderen Kollegen da sein muss. Dieser Kollege wird fortan argwöhnisch beäugt.
- Eine Klasse hat einen gerade so richtig »hops« genommen, man fühlt sich als schlechter Lehrer und begegnet nun im

Gang der Klassenlehrerin, die die Klasse natürlich immer im Griff hat. Man senkt den Blick, geht innerlich auf Tauchstation und schleicht an ihr vorbei.

Was können wir tun? In der Bibel sagt Gott zum ignorierten Kain: »Warum ergrimmst du? Und warum senkst du deinen Blick? Ist's nicht also? Wenn du fromm bist, so kannst du frei den Blick erheben.« (1 Mose 4,6f.) Na das ist ja, ein toller Rat: Wenn du fromm bist, dann kannst du den Blick frei heben. Kopf hoch! Es geht bald wieder! Heile, heile, Gänsje ...

Ich habe keine Antwort auf die Kain-und-Abel-Situation, sondern kann nur ein paar Hinweise darauf geben, wie ich anhand des Satzes »Wenn du fromm bist, so kannst du frei den Blick erheben« versuche, mit ihr fertig zu werden.

Immer wenn ich den Blick senken will, weil ich mich wegen einer Situation ärgere oder schäme, immer wenn ich einen Umweg machen möchte, weil ich jemanden nicht treffen will, verbiete ich es mir. »Fang nicht damit an, den Schwanz einzuziehen, du gehst jetzt da vorbei!«

Manchmal hat mir schon geholfen, eine Mitteilung an die Direktorin zu schreiben. Ich habe damit gute Erfahrungen gemacht. Dies muss natürlich nach der VW-Regel geschehen. Nicht Vorwürfe, sondern Wünsche formulieren! Nur auf Wünsche kann man positiv reagieren, gegen Vorwürfe verteidigt man sich.

Ich versuche mir klarzumachen, dass hier »Fromm-Sein« heißt, innerlich unabhängig zu werden. Gott stellt Kain einfach vor die schwierigere Aufgabe. Ich habe also eine Entwicklungsaufgabe vor mir. Ich muss lernen, ohne sichtbare Anerkennung den Kopf oben zu behalten. Ich muss lernen, Selbstrespekt ohne äußeren Zuspruch zu erlangen. Meine Selbstgewissheit ist gefordert, eine *unangenehme Selbstwahrnehmung* auszuhalten. Darin liegt immer eine Entwicklungschance, denn wenn eine unangenehme Selbstwahrnehmung im Angesicht des Anderen[17] ausgehalten wird, dann verliert sie ihr beängstigendes Potenzial und verwandelt sich in innere Stärke.

Die Gefahr, wenn der Blick gesenkt wird, weil man wütend ist oder sich schämt, besteht darin, immer mehr einen Tunnelblick

---

17 Vgl. Eilert Herms, Die ethische Struktur der Seelsorge, in: Pastoraltheologie 80 (1991), 40–62.

zu bekommen. Man sieht dann überhaupt niemanden mehr, weil man immer häufiger Reaktionen anderer als kritisch gegen sich gerichtet einordnet. Deshalb ist es hilfreich, die eigene unangenehme Selbstwahrnehmung zu artikulieren. Artikulieren heißt dabei natürlich, mit jemandem zu sprechen. Das hat viel größere Bedeutung als der Satz »Gut, dass wir mal darüber geredet haben!« vermuten lässt. Das Aushalten einer unangenehmen Selbstwahrnehmung im Angesicht des Anderen eröffnet Freiheit. Heidegger würde das, »die Möglichkeit des Freiseins für das eigenste Seinkönnen«[18] nennen. D.h. in der Ablehnung werde ich zwar unsanft auf mich selbst zurückgestoßen, erfahre dabei aber auch so etwas, wie die Freiheit selbst zu sein. In der Artikulation des Unangenehmen lerne ich dann, zu mir zu stehen und wieder locker zu werden. Vielleicht wäre *Unbekümmertheit* der richtige Ausdruck für diese Haltung.

Eric Berne – Oder:
Kommunikation im Lehrerzimmer

Eine Kollegin hat Geburtstag. Im Lehrerzimmer stehen belegte Brötchen für das Kollegium. Ein Kollege steht auf und sagt: »Ich hole mir schon mal eins!« Kollegin: »Warte doch, bis alle aufstehen und sich was nehmen!« Kollege: »Ich habe aber jetzt Hunger!« Kollegin: »Ihr Männer werdet immer so aggressiv, wenn ihr nichts zu essen bekommt.« (Oder, wenn ihn eine Kollegin wie einen dummen Jungen behandelt?)

Fußball-WM, eine junge fußballinteressierte Kollegin wohnt in der Nähe der Schule. Sie verlegt ihren Nachmittags-Unterricht zu sich nach Hause, um mit den Oberstufenschülern ein Spiel der deutschen Mannschaft zu gucken. Ein älterer Kollege beschwert sich bei der Schulleitung. Die Kollegin spricht er an: »Frau Kollegin, Sie erzeugen mit Ihrem Verhalten einen starken Druck auf uns, wenn einer so etwas anfängt, wollen alle Schüler Fußball gucken!« Sie antwortet verdattert: »Ich wollte Sie nicht unter Druck setzen, aber ich schaue gern Fußball und die Schüler

---

18   Martin Heidegger, Sein und Zeit, Tübingen 1977, 144.

auch.« Er: »Was haben Sie für eine Berufsauffassung!« (Oder, was hat er für eine papahafte Haltung?)

Eine Kollegin diskutiert mit einem Kollegen über Männer und Frauen im Lehrerberuf. Sie sagt:»Männer können Kinder nicht richtig verstehen. Ihnen fehlt einfach die Erfahrung von Schwangerschaft und Geburt. Die besondere Nähe zum Kind!« Der Kollege kontert:»Du meinst also, dass der Gebärneid der Männer größer ist als der Penisneid der Frauen?« (Oder, das männliche Imponiergehabe gegenüber der Arroganz des Mutterrechts immer einen Sieg davontragen muss?)

Die Fachleiterin zum Referendar:»Wo waren Sie gestern? Wir haben auf Ihr Referat gewartet.«»Ich war krank. Ich konnte nicht!«»Dann müssen Sie sich krankmelden!«»Ich konnte im Seminar nicht anrufen. Ich habe niemanden erreicht.«»Das geht so nicht durch, dass Sie uns unentschuldigt sitzen lassen.«»Aber mir ging es nicht gut.«»Dann müssen Sie jemandem Bescheid sagen.«»Ja, deswegen habe ich es doch versucht.«»Auch Ihre Kollegen wollten Ihren Vortrag hören.«»Mir war gestern wirklich schlecht.«»Auch wenn Ihnen schlecht wird, weil Sie ein Referat halten sollen, müssen Sie sich abmelden. Das war jetzt schon das zweite Mal.«»Sie wissen doch, ich bin gerade umgezogen und habe noch die Lehrprobe, ich kann das Referat doch nächste Woche halten.«»Jeder muss mit dem Druck fertig werden ...« (usw. noch 10 Minuten in einer endlosen »Ich mein es gut mit dir«-Mutterhaltung und der »Lass mich wieder dein guter Junge sein«-Schleife!)

Ähnliche Gesprächssequenzen kennen wir alle aus dem Lehrerzimmer. Manche ärgerlich, manche peinlich. Reden hier Erwachsene miteinander?, mögen wir denken. Und darum soll es hier gehen: Wenn wir in der Kommunikation mit Kollegen denken: Jetzt wird das Gespräch aber sonderbar; was ist hier los?, dann könnten wir uns einmal fragen: Wie fühle ich mich gerade im Gespräch? Werde ich als Erwachsener angesprochen, als Elternteil oder als Kind? Oder noch präziser gefragt: Erfahre ich mich im Gespräch mit Kollegen oder Vorgesetzten wie ein gleichberechtigter Kollege oder eine ebenbürtige Kollegin, als Vater oder Mutter oder als Junge oder Mädchen? Nämlich genau darauf will Eric Berne aufmerksam machen. Er geht davon aus, dass in unserer Kommunikation immer verschieden *Ich-Zustände* angesprochen werden oder wir selbst verschiedene Ich-Zustände ins Gespräch einbringen: *Kind-Ich; Erwachsenen-Ich und Eltern-Ich.* Ich bin mir sicher, dass wir alle das schon feststellen konnten: »Wenn ich mit dem Chef spreche, denke ich, ich sei beinahe sein Sohn!« »Wenn ich mit der Referendarin Unterricht vorbereite, habe ich immer das Gefühl, ich rede wie mein Vater!« »Die Erika ist immer so hilfsbereit, dennoch habe ich im Umgang mit ihr oft den Eindruck, ich kann nicht bis drei zählen!«

Mit den Ich-Zuständen will Berne keine Wertung üben, da alle drei Ich-Zustände bei allen Menschen vorkommen und alle drei Zustände in sich sehr differenziert zu betrachten sind. Das Kind-Ich ist lebendig, kreativ, manchmal ängstlich, spontan. Das Erwachsenen-Ich ist informativ, realistisch, sicher und klar. Das Eltern-Ich ist von Gedanken und Gefühlen der Eltern geprägt.

Eric Berne nennt seine »Psychologie der menschlichen Beziehungen« *Transaktionsanalyse,* klingt kompliziert, ist es aber nicht. Er geht davon aus, dass wir in unserer Kommunikation, in unseren Transaktionen miteinander »Streicheleinheiten« austauschen. Er nennt das »Stroke«. Dieses Wort kann für liebevolle Zuwendung stehen, aber auch für Schlagen. Genau wie die Säuglinge genügend körperliche Zuwendung brauchen, so bleibt in uns allen immer ein Bedürfnis danach zu streicheln und gestreichelt zu werden, auch in der Kommunikation, auch mit unseren verbalen Äußerungen. Die Doppeldeutigkeit des Wortes »Stroke« weist auf *zwei Beziehungsmodi* hin: Der Beziehungsmodus kann *positiv oder negativ* sein.

Die Beziehung zwischen der Fachleiterin und dem Referendar in unserem Beispiel ist (zumindest in der Situation) negativ. Im Gespräch werden von beiden Seiten schlechte Gefühle ausgetauscht, wahrscheinlich werden diese begleitet von innerer Spannung, Stirnrunzeln etc. Es ist aber auch gut möglich, dass es zwischen Fachleiterin und Referendar zu einem positiven Austausch kommt, auch wenn die Kommunikation ähnlich einer Mutter – Sohn Beziehung gestaltet ist. Das muss nicht negativ empfunden werden. Wenn beide in ihrem Ich-Zustand bleiben, ohne ihn kritisch zu sehen, kann die eine verbal bemuttern und der andere kindlich viele gute Ratschläge annehmen. Aber man merkt wohl, dass diese Rollenverteilung im beruflichen Kontext seine Tücken hat. Spätestens wenn der Referendar zum Muttertag Blumen für seine Fachleiterin mitbringt, sollte einer von beiden über ihre Transaktionen nachdenken.

Neben den drei Ich-Zuständen und den zwei Beziehungsmodi kommt eine dritte Komponente in Bernes Psychologie der menschlichen Kommunikation zum Tragen: Die *Beziehungstypen*. Auch von ihnen gibt es dankenswerter Weise nur zwei, nämlich *den untersicheren und den übersicheren Typ*. Der erste Typ sieht sich selbst als nicht so kompetent und belastbar, der andere Typ sieht die anderen als nicht so kompetent und belastbar. Kombiniert man nun Beziehungsmodi und Beziehungstypen, dann bekommen wir vier Möglichkeiten:

- Untersicher-positiv: »Die anderen können alles so toll, das möchte ich auch mal so können!«
- Untersicher-negativ: »Ich lass mir von den anderen Angebern nichts mehr gefallen, denen werde ich es irgendwann mal zeigen!«
- Übersicher-positiv: »Lass dir mal keine grauen Haare wachsen (Kleine/r), ich helfe dir, das bekommen wir schon hin!«
- Übersicher-negativ: »Kannst du nicht *einmal* etwas ordentlich in der festgesetzten Zeit erledigen, brauchst du immer die Hilfe von anderen (mir!)?«

Die Transaktionen können parallel stattfinden; wenn z.B. zwei Kollegen im Kind-Ich-Zustand miteinander reden, sieht das so aus: »Wo warst du gestern? Warst du krank?« »Ja, ich hatte schreckliche Bauchschmerzen!« »Du, mir tut auch der Magen weh!« Zwei Kolleginnen im Eltern-Ich-Zustand könnten folgenden Dialog entwickeln: »Die rennen doch im Gang an allem vorbei, heute hebt kein Schüler mehr nur ein Stückchen Papier auf!« »Von wegen aufheben, die werfen es doch hin!« »Die müssen zu Hause nicht mehr mit anpacken!« »Die leben alle im Hotel-Mama mit schwarzarbeitender Putzfrau.« Parallel verlaufen die Transaktionen auch, wenn im Gespräch eine Person (wie im Beispiel Fachleiterin/Referendar) immer das Eltern-Ich und die andere immer das Kind-Ich aktiviert.

Richtig kompliziert wird die Kommunikation erst, wenn die Transaktionen gekreuzt sind. Jemand spricht zu mir im Eltern-Ich-Zustand und zielt also auf mein als Kind-Ich, ich antworte aber selbst (unerwartet) aus dem Eltern-Ich heraus: »Ich hoffe, dir geht es gut!« – »Nein, ich habe solche Kopfschmerzen!« – »Du hättest gestern nicht so lange am Schreibtisch sitzen sollen!« – »Warum kritisierst du mich?« – »Weil ich es gut mit dir meine!« – »Ich kritisiere dich auch nicht, wenn du abends nicht ins Bett kommst und am nächsten Morgen jammerst, weil du unbedingt jede Late Night Show angucken musst!« (Die »richtige« Kind-Ich-Antwort wäre gewesen: »Meinst du, ich hätte früher ins Bett gehen sollen?«!)

Wenn sich mit bestimmten Personen Kommunikationsmuster einschleichen bzw. fest eingeschliffen haben, spricht Berne von »Spielen«. Solche Spiele oder Spielchen begegnen uns in der Schule oft und sind sehr wichtig für das Miteinander im Kollegium. Sehr erhellend finde ich folgende Beschreibung, die nicht aus der Welt der Erwachsenen ist; sie zeigt, wie schnell man im Umgang mit Kindern in Spielchen geraten kann, wenn man nicht aufpasst:

Tanjy, sieben Jahre alt, bekam während des gemeinsamen Essens Bauchschmerzen und bat darum, sich entfernen zu dürfen. Seine Eltern schlugen vor, er solle sich eine Weile hinlegen. Daraufhin sagte sein kleiner dreijähriger Bruder Mike: »Ich hab auch Bauchschmerzen«; offensichtlich trachtete er danach, der gleichen fürsorglichen Behandlung teilhaft zu werden. Sein Vater sah ihn einige Sekunden lang streng an und antwortete dann: »Du willst doch nicht etwa ein Spielchen mit mir spielen, nicht wahr?« Mike brach sofort in Gelächter aus und versicherte pflichtschuldigst: »Nein!« Hätte es sich im vorliegenden Fall um einen Haushalt gehandelt, in dem sich alles um den Magen und ums Essen dreht, dann wäre Mike von seinen erschrockenen Eltern ebenfalls ins Bett gesteckt worden. Hätte sich die gleiche Szene mehrmals wiederholt, dann ließe sich leicht voraussehen, dass dieses Spiel zu einem Bestandteil von Mikes Charakter geworden wäre, wie das häufig der Fall ist, wenn die Eltern »mitspielen«. Die verdeckte Transaktion sähe dann etwa so aus: (Sozialebene) »Ich fühle mich nicht wohl«, (psychologische Ebene) »Ihr müsst mir auch ein Privileg einräumen.« Mike blieb jedoch eine solche hypochondrische Entwicklung erspart. Natürlich könnte ihm Schlimmeres passieren, aber das steht hier nicht zur Debatte. Hier kommt es darauf an, dass das Spiel *in statu nascendi* an Ort und Stelle abgebrochen wurde. Und zwar sowohl durch die Fragestellung des Vaters als auch durch das offene Eingeständnis des Jungen, seine Äußerung sei tatsächlich eine Art »Spiel« gewesen. Daraus ergibt sich ganz klar, dass Spiele von Kindern oft ganz bewusst »in Szene gesetzt« werden. Hat sich erst eine feste

Struktur von Reiz und Reaktion herausgebildet, dann verlieren sich ihre Ursprünge im Nebel der Zeit, und die verdeckte Natur der Spiele verdunkelt sich im Dunstkreis der Gesellschaft.[19]

Daher merken wir vielfach nicht, welchen Ich-Zustand wir gerade im Umgang mit den Kollegen aktivieren oder welcher Ich-Zustand von Kollegen bei uns aktiviert wird. Aber wenn ein sonderbares Gefühl wiederholt im Gespräch mit demselben Kollegen entsteht, lohnt es sich mal darüber nachzudenken. Mir hat das in der Beziehung zu einem befreundeten Kollegen geholfen, bei dem ich mir immer klein gemacht vorkam. Wenn ich ihm erzähle, dass ich gestern zwei Raummeter Holz bekommen habe, sagt er: »Warum hast du mir nichts gesagt, dann hätte ich mit dir das Holz im Hänger im Hunsrück zum halben Preis geholt.« Wenn ich ihm stolz den Fahrradschuppen zeige, den ich selbst entworfen und gebaut habe, wird von ihm gefragt: »Sag mal, hast du auch eine Wasserwaage?« Grillt man miteinander, hat er die Grillkohle schon angezündet, wenn man selbst noch überlegt, ob man genug davon im Keller hat. Besucht man ihn mit einer guten Zigarre, öffnet er seinen Humidor, in dem Zigarren aus etlichen internationalen Flughäfen gelagert sind. Er ist immer einen Tick besser und schneller. Seit ich Eric Berne gelesen habe, weiß ich: Typ übersicher; Modus oft negativ; Ich-Zustand Eltern. Seitdem geht's mir echt besser. Ich weiß jetzt, ich soll mich als Kind fühlen, damit es ihm gut geht. Will ich nicht. Mag ich nicht. Mach nicht mehr. Nach ein paar kräftigen Rucklern in unserem Abteil, kommen wir gut miteinander aus.

---

19 Eric Berne, Spiele der Erwachsenen. Psychologie der menschlichen Beziehungen, Reinbek bei Hamburg 1970, 72 f. (E. Berne , 1910 Montreal – 1970 Carmel-by-the sea, Kalifornien: Chirurg, seit 1941 Psychiater und Psychoanalytiker. Ende der 1950er Jahre Entwicklung der Tranaktionsanalyse.)

2. Handeln durch Gewissheit

Wegzehrung: Die Perlen nicht vor die Säue werfen

Zur Achtung vor dem Geheimnis der Schülerseele wurde schon gemahnt, doch wie ist es um die Achtung vor dem Geheimnis meiner Seele in Unterricht und Schulalltag bestellt? Wie viele Grenzüberschreitungen lasse ich zu? Wie oft fordere ich Grenzüberschreitungen gar selbst heraus? In der Zeit, als ich in der Berufsschule unterrichtete, begegnete mir oft ein überheblich-mitleidvolles Erstaunen: »Was, Sie unterrichten Religion? Gibt's denn so was noch? Machen denn da die Schüler mit?«

Wie reagieren? Geduldig erklären, wie wichtig das Fach ist, dass junge Menschen gerade in einer pluralistischen Gesellschaft die Auseinandersetzung mit Menschen suchen, die für eine bestimmte Orientierung einstehen ...?

Aggressiv dagegenhalten, dass in meinem Unterricht, gerade weil in ihm die christliche Gesinnung offen zur Diskussion gestellt wird, die Schüler häufiger und persönlicher zu Wort kommen als in fast jedem Gemeinschaftskunde- oder Politik/Wirtschaftsunterricht, in dem doch wieder nur Zahlen auswendig zu lernen sind, über die Zusammensetzung der Bundesversammlung zur Wahl des Bundespräsidenten ...?

Oder einfach nur resigniert von dannen gehen und mich künftig fernhalten von diesen Kollegen?

Ich rufe mir in solchen und ähnlichen Situationen Jesu Wort ins Gedächtnis: »... eure Perlen sollt ihr nicht vor die Säue werfen ...« (Mt 7,6). Das entlastet mich ungemein. Das Wort kann nur für solche Ohren anstößig sein, die nicht im metaphorischen Denken geübt sind. Daher braucht man wohl kaum zu erklären, dass als »Säue« weder Schüler noch Kollegen beschimpft werden sollen. Ich verstehe dies Wort einfach so: Ich lasse, was mir wichtig ist, nicht in den Dreck ziehen. Es gibt für mich ein Heiliges, über das ich nicht diskutiere. Mag sein, dass ich dann verstumme, jedenfalls vergeude ich meine Kraft nicht, um gegen Windmühlen zu kämpfen.

Nun mag man fragen: Kann denn das eine pädagogische Haltung sein, sich dem Diskurs zu entziehen? Muss man nicht gerade als Lehrer (und besonders als Religionslehrer) immer Rede und Antwort stehen? Wohl kaum – ein ehrlicher Umgang mit anderen schließt auch Abgrenzung ein. Vielleicht fördert dies, wenn die Abgrenzung nicht beleidigt geschieht, ja beim anderen auch ein Nachdenken.

Ich denke, es ist eine lohnende Aufgabe dem eigenen Gespür nachzugehen, wann man das Gefühl hat, Perlen vor die Säue zu werfen. Für den einen lohnt sich vielleicht ein Diskurs noch, wenn für jemand anderen schon längst der Ofen aus ist. Vielleicht ist Jesu Wort ja auch ein Aufruf dazu, den entsprechenden Gruppen, mit denen wir es zu tun haben, jeweils das Richtige vorzusetzen: Pferden Hafer, Hühnern Weizenkörner, Kartoffeln für Schweine. Manche brauchen Argumente. Manche wollen Streit. Manchen hilft ein Schweigen, etc. Auch hierfür gilt es ein Gespür zu entwickeln.

Können wir neben unserem Gespür auch ein theologisches Kriterium nennen, wann es gar verboten ist, die Perlen vor die Säue zuwerfen? Mir fällt als wichtigstes und härtestes Kriterium das ein, was die Bibel »Sünde wider den Heiligen Geist« nennt, (Mt 12,31f.). Jemand, der es nicht besser weiß, dem kann ich viel zugeben, auch wenn es mich belastet, wer es aber besser wissen könnte oder müsste, dem sollte ich frühzeitig Einhalt gebieten. Dabei ist wohl das Verstummen die härte Waffe als der Streit. Mit meinem Verstummen tue ich möglicherweise dem anderen aber sogar einen Dienst, falls er zum Nachdenken gebracht wird. Wer weiß?

Friedrich Nietzsche – Oder:
Man schämt sich jetzt schon der Ruhe

Unser Wort »Schule« stammt vom griechischen SCHOLÄ. Das heißt ursprünglich: Anhalten, Rast, Muße, Arbeitslosigkeit, freie Zeit, Nichtstun, Müßiggang, Beschäftigung mit Mußestunden und schließlich meint das Wort auch den Ort, wo der Lehrer Vorträge hält.

In die Klosterschule oder auf die Hofschule ging man, wenn man als Kleriker oder Adliger befreit war von der Ausübung der bäuerlichen Arbeit oder der Handwerkskünste, daher nannte man die Künste, die die Schule vermittelt, die »Artes Liberales«. Was ist davon heute übriggeblieben?

Ein Fachleiter für Deutsch hat ein völlig zerlesenes Exemplar von Goethes Faust an seinem Platz in der Schule liegen. Ich möchte etwas Nettes, Witziges sagen: »Herr Kollege, dieses Buch haben Sie schon mal gelesen!« Die Antwort zeigt die völlige Abwesenheit entspannter Muße: »Einmal? Nein! Viele Male!« Ich denke mir: »Danke für das Gespräch« und gehe weiter.

Ich treffe im Sommer in den Ferien (!) eine Kollegin im Schwimmbad. Sie entschuldigt sich für dieses einer Lehrerin ungemessene Verhalten damit, dass sie mir mitteilt, nachher wieder an den Schreibtisch zur Unterrichtsvorbereitung zurückzukehren.

Ein Lehrer ist immer im Dienst. Warum müssen wir selbst in den Ferien mit der Fahne der Belastung herumlaufen? Tut es uns gut, auch dann noch gegen das Vorurteil: »Alle Lehrer sind faule Säcke!« anzukämpfen? Meistens macht dieser Kampf, wie meine Beispiele zeigen, ja nicht einmal vor den Kollegien halt. Es gibt wenige Ausnahmen – wie meinen Kollege Andreas: Wenn er mit einem Video unter dem Arm angesprochen wird: »Na, Herr E., wieder mal ein Video?«, antwortet er: »Besser ein gutes Video als ein schlechter Lehrer!« Der Frager kann sich dann aussuchen, wer wohl gemeint ist: der Frager oder der Antworter. Wenn Andreas auf die langen Ferienzeiten der Lehrer angesprochen wird, sagt er: »Leider steht aber mein Urlaubsgeld in keinem Verhältnis zur Länge der Ferien!« Als ich ihn frage, wie er es schaffe, jede Anfeindung zu parieren, verrät er mir sein Geheimnis: »Ich arbeite nach der chinesischen Methode der zurückweichenden Wand!« Ich brauche wohl nicht zu sagen, dass Andreas ein beliebter und geachteter Kollege ist, obwohl er keine Fahne der Belastung schwenkt. Oder etwa *weil* er es nicht tut?

Manchmal aber läuft es anders. Subtile, feinfühlige Ehrlichkeit wird mit Missachtung gestraft. Auf Nietzsche wird das Wort bezogen: Man schlägt auf die Seismographen, wenn es ein Erdbeben gibt. Wie sehr er ein Seismograph war, belegt folgendes Zitat:

Es ist eine indianerhafte, dem Indianer-Blute eigentümliche Wildheit in der Art, wie die Amerikaner nach Gold trachten: und ihre atemlose Hast der Arbeit – das eigentliche Laster der neuen Welt – beginnt bereits durch Ansteckung das alte Europa wild zu machen und eine ganz wunderliche Geistlosigkeit darüber zu breiten. Man schämt sich jetzt schon der Ruhe; das lange Nachsinnen macht beinahe Gewissensbisse. Man denkt mit der Uhr in der Hand, wie man zu Mittag isst, das Auge auf das Börsenblatt gerichtet, – man lebt, wie Einer, der fortwährend Etwas »versäumen könnte«. »Lieber irgend Etwas tun, als Nichts« – auch dieser Grundsatz ist eine Schnur, um aller Bildung und allem höheren Geschmack den Garaus zu machen. Und so wie sichtlich alle Formen an der Hast der Arbeitenden zu Grunde gehen: so geht auch das Gefühl für die Form selber, das Ohr und Auge für die Melodie der Bewegungen zu Grunde. Der Beweis dafür liegt in der jetzt überall geforderten plumpen Deutlichkeit, in allen den Lagen, wo der Mensch einmal redlich mit Menschen sein will, im Verkehre mit Freunden, Frauen, Verwandten, Kindern, Lehrern, Schülern, Führern und Fürsten, – man hat keine Zeit und keine Kraft mehr für die Ceremonien, für die Verbindlichkeit mit Umwegen, für allen Esprit der Unterhaltung und überhaupt für alles Otium. Denn das Leben auf der Jagd nach Gewinn zwingt fortwährend dazu, seinen Geist bis zur Erschöpfung auszugeben, im beständigen Sich-Verstellen oder Überlisten oder Zuvorkommen: die eigentliche Tugend ist jetzt, Etwas in weniger Zeit zu tun, als ein Anderer. Und so gibt es nur selten Stunden der erlaubten Redlichkeit: in diesen aber ist man müde und möchte sich nicht nur »gehen lassen«, sondern lang und breit und plump sich hinstrecken. ...

Gibt es noch ein Vergnügen an Gesellschaft und an Künsten, so ist es ein Vergnügen, wie es müdegearbeitete Sclaven sich zurecht machen. Oh über diese Genügsamkeit der »Freude« bei unseren Gebildeten und Ungebildeten! Oh über diese zunehmende Verdächtigung aller Freude! Die Arbeit bekommt immer mehr alles gute Gewissen auf ihre Seite: der Hang zur Freude nennt sich bereits »Bedürfnis nach Erholung« und fängt an, sich vor sich selber zu schämen.[20]

Vielleicht sollten wir in diesem Zusammenhang auch mal wieder Bölls »Anekdote zur Senkung der Arbeitsmoral« lesen. Vielleicht können wir auch überlegen, welche Funktion das Jammern, Stöhnen und Seufzen über unsere ja wirklich oft genug aufreibende Arbeit hat. Ich erwische mich dabei, wie ich Gleiches mit Gleichem vergelte und mitjammere, mitstöhne, mitseufze ... Warum? Es hat, glaube ich, weniger damit zu tun, nicht als Faulenzer gelten zu wollen, als damit, für das, was ich leiste, Anerkennung zu finden. Ein hoher Anspruch: In der Schule

20   Friedrich Nietzsche (1844 Röcken – 1900 Weimar): Die Fröhliche Wissenschaft, 4. Buch, Nr. 329.

Anerkennung und Wertschätzung zu bekommen. Von den Schülern kommt natürlicherweise selten Anerkennung. Die Direktoren, von denen sich unser Kind-Ich wie von Mama oder Papa Wertschätzung wünscht, sind oft selbst zu belastet, um die Leistung ihrer Mitarbeiter gut zu würdigen. Was tun?

Der erste Schritt ist es, im Jammern, Stöhnen, Seufzen den Hunger nach Anerkennung wahrzunehmen. Dann kann im nächsten Schritt ein Regelkreis durchbrochen werden. Nicht Jammern mit Mitjammern oder Nochmehrjammern zu begegnen, sondern mit der einfachen Wahrnehmung meines Gegenübers: »Wie geht's dir?« Möglicherweise tut auch Humor gut. Wenn mein Kollege Andreas gefragt wird, was er verdient, sagt er: »Ich kann dir bloß sagen, was ich bekomme, was ich verdiene, kann mir keiner bezahlen.«

Donald W. Winnicott – Oder:
Regression im Klassenraum und Lehrerzimmer

Warum es in Klassenräumen laut zugeht, wenn man die Kinder lässt, kann man sich einfach an dem Verhalten von Lehrern in Gruppensituationen klarmachen. In Gesamtkonferenzen oder Dienstgesprächen gibt es neben aller Ernsthaftigkeit auch immer eine Tendenz zum Albernen. Bei aller Notwendigkeit auch über das Gegensteuern bei Störungen von Konferenzen nachzudenken, hat diese Wahrnehmung auch etwas Entlastendes: Der Raum der Konferenz scheint uns Lehrer zur mehr oder weniger angstfreien Regression anzuregen.

Begegnet uns dieses Phänomen jedoch im Klassenraum, dann haben wir das Gefühl eines Autoritätsverlusts. Nicht selten empfinden wir im unaufmerksamen, albernen Schülerverhalten eine Ablehnung der eigenen Person. Das muss es aber nicht bedeuten. Wenn wir die Schule als Institution einen Augenblick lang mit den Augen D.W. Winnicotts[21] betrachten, dann können wir in der Schule und in Klassenräumen *Übergangsphänomene* sehen.

---

21 Der englische Psychotherapeut D.W. Winnicott (1896 Devon – 1971 London) zählt neben Anna Freud und Melanie Klein zu den bedeutendsten Kinderanalytikern. Vgl.: D. W. Winnicott, Von der Kinderheilkunde zur Psychoanalyse, München 1976, 294f. und Ders., Gespräche mit Eltern, Stuttgart 1994.

Winnicott kam es darauf an zu verstehen, wie es Kindern gelingt, zwischen sich und der Mutter zu unterscheiden. Das Kind muss erst lernen, dass es selbst und die Mutter zwei Personen sind. Als Folge dieser Unterscheidung kann es begreifen, dass Innenwelt und Außenwelt nicht eins sind. Sein Augenmerk richtete Winnicott dabei auf die Beobachtung von Dingen, die er »Übergangsobjekte« nannte. Dazu gehören: Daumen, Nuckel, Bettzipfel, Teddy usw. Deren Funktion für Kinder besteht darin, einen ersten Besitz im Zwischenraum zwischen sich und der Mutter zu erfahren, der im Unterschied zur Mutter immer verfügbar ist. Der Säugling erkennt mehr und mehr, dass es Gegenstände gibt, die zwar eng zu ihm gehören, aber ein »Nicht-Ich« sind. Winnicott bestimmt den Zwischenbereich des Erlebens zwischen dem Daumen und dem Teddybär, zwischen der Oralerotik und echten Objektbeziehungen allgemein als Übergangsphänomen. Dieses steht in einem weiteren anthropologischen Zusammenhang, der Hinweise auch auf die Schule geben kann.

Wenn der Mensch eine Einheit geworden ist, kann er klar zwischen innerer und äußerer Realität unterscheiden. Winnicott gebraucht hierzu das Bild einer Membran, die das Innen vom Außen abgrenzt. Die Fähigkeit, diese Unterscheidung gut hinzubekommen, ist eine zentrale Entwicklungs- und Lernaufgabe.

Aufgrund seiner Beobachtung der Übergangsobjekte betrachtet Winnicott Übergangsphänomene generell als eine dritte Dimension im Leben des Menschen. Es gibt einen Zwischenbereich des Erlebens, zu dem sowohl die innere Realität als auch das äußere Leben beitragen. Dieser Zwischenbereich, in dem Außen und Innen zugleich getrennt und verknüpft erfahren werden, dient als Ruheplatz. Wir brauchen ihn, um die Spannung zwischen den Ansprüchen der äußeren Realität und unserem eigenen Wollen aushalten zu können.

Wir kennen beide Extreme aus der Schule: Genügen wir nur den Ansprüchen und Forderungen, die an uns herangetragen werden, fühlen wir uns fremdbestimmt und verlieren uns möglicherweise in nutzlosen Zwängen. So wollte eine Kollegin, der das Chaos in den Gängen unserer Schule zu groß wurde, ein Rechtsgehgebot einführen! Genügen wir hingegen nur den Wünschen und Bedürfnissen unseres Inneren, dann werden wir bestenfalls zu liebenswerten Chaoten oder schlimmstenfalls isolieren wir uns Stück für Stück, so dass ein Ausweg aus dem Chaos oft nur in Krankheiten gefunden wird.

Übergangsphänomene spielen im Schüler- und Lehrererleben möglicherweise eine größere Rolle, als uns bewusst ist. Schüler und Lehrer brauchen Zwischenräume als unhinterfragte Ruheplätze fürs Innere. Das Leben in öffentlichen Räumen ist unvorstellbar ohne Übergangsphänomene. Ist es verkehrt zu sagen: kein öffentlicher Raum ohne Schnuller für die Seele? Wir finden sie und holen sie uns, egal wie: Nintendo, Rauchen, Kaffeetrinken, Tische bemalen, Tagträumen, Moorhuhnjagen, etc. – eine lange Liste an Übergangsobjekten ließe sich aufzählen.

Aber ist es wirklich *egal, wie* unsere Seele den Zwischenraum aus Sollen und Wollen ausfüllt? Könnte es nicht Ruheplätze für die Seele geben, die ihren Namen verdienen? Auch die vorhin genannte Regression im Klassenraum (und in Konferenzen) könnte Ausdruck für die Sehnsucht nach Ruheplätzen für die Seele sein. Wenn ich in unserer Schule für ein paar Minuten allein sein will, muss ich ins Arztzimmer gehen und hoffen, dass sich gerade kein kranker Schüler darin befindet. Die Schüler (und die Lehrer) verfügen, je mehr die Ganztagsschule zur Regel wird, kaum über wirklich unbeobachtete, nicht pädagogisch geordnete Zeit. Bei uns in der Schule gibt es immer wieder Diskussionen darüber, ob in der Lernzeit, nachdem die Hausaufgaben gemacht wurden, Karten gespielt werden darf.

Was tun? Ich habe mir eine Klangschale und eine kleine Sanduhr gekauft. Wenn es in der Klasse oder mir zu bunt wird, kann ich sagen: »Ich schenke euch ein paar Minuten Ruhe! Legt euren Kopf auf die Arme, schließt die Augen, atmet einmal tief aus und achtet die Ruhe eures Nachbarn durch eure Ruhe.« Dann macht es »Gong ...«. Wenn der Sand durchgelaufen ist und bevor der Gong zum zweiten Mal ertönt, sage ich: »Nun atmet tief aus, reckt und streckt euch ein wenig und seid, wenn es gongt, wieder hier, erfrischt und wach!« Wie weiland bei Turnvater Jahn geht es daraufhin frisch, fromm, fröhlich und auch frei im Unterricht weiter und die »sinnlos verplemperte Zeit« ist schnell wieder aufgeholt. Ich vermute, etwas von dem, was Winnicott meint, findet sich auch in der Gestaltung von Meditationen, Andachten, Begrüßungsritualen und natürlich besonders Gottesdiensten wieder, wie es folgende Überlegung von Eilert Herms zeigt:

Es ist eine geläufige Erfahrung, dass ein Kind, das in der Nacht erwacht, in der Dunkelheit schreit, sich aber schnell beruhigt, sobald das Gesicht eines Elternteils über seinem Bette auftaucht. Ein wechselseitiges Lächeln, ein Streicheln des Kopfes vertreiben erregte Angst und lassen den Frieden der Nacht wieder einkehren. – Von einer solchen behütenden, freundlichen und friedebringenden Zuwendung des Angesichtes spricht der aaronitische Segen. Aber nicht vom Antlitz der Eltern, übermächtiger Menschen, in deren Obhut man sich verkriechen könnte, ist die Rede, sondern vom »Angesicht des Herrn«. Es ist offenbar einer der tiefsinnigsten Züge im Ritual unseres Gottesdienstes, dass diese Worte nicht am Anfang der Versammlung, sondern an ihrem Ende gesprochen werden: Das freundliche und leuchtende »Angesicht des Herrn« mobilisiert zwar alle Gefühle narzisstischer Befriedigung, aber gestaltet sie zugleich; so nämlich, dass ein Mensch – erfüllt von ihnen – nicht an die Wärme der »peer group« und die Faszination des Führers gefesselt wird, sondern die Gruppe verlassen und in den Sonnenschein oder den Regen des Tages hinaustreten kann, befreit und mutig zu selbständiger Tat.«[22]

Braucht es noch vieler Worte, dass es gestaltete Zwischenräume geben kann und dass sie uns und unserer Seele helfen können? Wie könnte sich Schule verändern, wenn es in Schulen Andachtsräume gäbe? Was könnte sich verändern, wenn wir als Lehrer zu unserem eigenen Wohl die dritte Dimension der Übergangsphänomene im Blick hätten? Wenn unsere Pausen wirklich Pausen wären, wir uns hinsetzten, zu gutem Gespräch und freundlichem Blick.

Winnicott hat für mich noch eine entlastende Mitteilung, weshalb ich ihn mag. Er spricht oft von »primärer Mütterlichkeit«, »ausreichend guten Vätern« und »hinreichend guten Eltern«. Er meint, dass es für die Kinder besser und gesünder ist »genügend gute« oder »hinreichend gute« Eltern zu haben, als Eltern, die versuchen, »perfekte« oder »ausgezeichnete« Eltern zu sein:

Ich muss vorsichtig sein. Wenn ich hier so leichthin beschreibe, was das sehr kleine Kind braucht, dann könnte es so aussehen, als verlangte ich von den Eltern, dass sie selbstlose und engelhafte Wesen seien, und als setzte ich eine ideale Welt voraus, eine Art Vorstadtidylle zur Sommerzeit – der Vater mäht den Rasen, die Mutter bereitet das Sonntagsessen

---

22 Eilert Herms, Theorie für die Praxis. Beiträge zur Theologie, München 1982, S. 363. Der aaronitische Segen lautet: Der Herr segne dich und behüte dich. Der Herr lasse sein Angesicht leuchten über dir und sei dir gnädig. Der Herr erhebe sein Angesicht auf dich und gebe dir Frieden. 4 Mose 6,24–26.

vor, der Hund verbellt den fremden Köter jenseits des Gartenzauns. Kinder, ja sogar Babys, reagieren nämlich gar nicht gut auf mechanische Vollkommenheit. Sie brauchen menschliche Wesen um sich, Menschen, die in ihren Bemühungen nicht immer nur Erfolg haben, sondern auch Fehlschläge erfahren.[23]

Ich beziehe Winnicotts Worte einfach auch auf den Beruf des Lehrers und freue mich, wenn ich ein ausreichend guter Lehrer bin. Als ausreichend guter Lehrer bin ich authentischer und lebe gesünder und füge meinen Schülern möglicherweise weniger Schaden zu, als wenn ich vollkommen wäre und nach dem Motto lebte: Bislang war mein einziger Fehler meine Bescheidenheit, den habe ich jetzt abgelegt ...

Jean-Paul Sartre – Oder: Einer fehlt hier, nämlich Simonnot

Ich werde von einem Kollegen auf dem Gang im Vorbeigehen angesprochen: »Wo warst du denn gestern? Ich habe dich vermisst. Wir hatten doch abends unser Konzert vom Schulorchester!« Ich kann nur mit den Achseln zucken. Ich habe keine Entschuldigung. Mir fällt leider nicht sofort ein, wo ich gestern Abend war, wahrscheinlich einfach zu Hause. Wahrscheinlich habe ich noch nicht einmal etwas korrigiert. Die Frage des Kollegen lässt in mir ein Gefühl hochkommen, das ich kenne. Ganz schnell denke ich, ich genüge nicht, ich habe einen Fehler gemacht, ich habe gefehlt.

Ein gedankliches Kreisen beginnt, obwohl ich den Anlass darüber selbst als nichtig einschätze. – Es ist doch keine Pflicht, zu allen Schulveranstaltungen zu gehen. – Es kann schließlich nicht sein, dass jeder Kollege jede Veranstaltung anderer Kollegen besucht. – Es kommt mir vor, als ob wir zugleich Produzenten und Konsumenten unserer außerunterrichtlichen Bildungsangebote sind. – Es reicht mir wirklich, wenn ich die Geigenvorspiele, Gesangsdarbietungen, Elternabende und Klassengrillfeiern meiner Töchter besuche; muss ich jetzt auch noch an jeder Duftmarke, die ein anderer Kollege mit seinen Schülern setzt, herumschnüf-

23   Winnicott, Gespräche mit Eltern, a.a.O., 135.

feln? Ich merke, wie ich, je mehr Entschuldigungen mir im Kopf herumkreisen, um so niedergeschlagener werde.

Warum muss ich mich so angemacht fühlen? Nur weil ich einfach so zu Hause geblieben bin? Bin ich nicht oft genug bei unseren Konzerten gewesen? Hätte ich dem lieben Kollegen vorher sagen müssen: Ich kann heute Abend nicht kommen? Oder hätte ich eigentlich auch sagen können: Ich *möchte* nicht kommen?

Nach gängigen psychologischen Kommunikationsmethoden hätte ich wenigstens jetzt auf den Kollegen zugehen müssen und sagen:»Du, ich wäre gestern Abend wirklich gern in euer Konzert gekommen, aber ich hatte einfach keine Lust. Ich habe den Eindruck, du nimmst mir das übel.« Seine Antwort wäre vielleicht gewesen:»Wieso sollte ich dir das übel nehmen, man hat halt nicht immer Lust, außerdem bist du doch oft bei Veranstaltungen der Schule dabei. Ich wollte dir einfach sagen: Ich habe dich vermisst. Es hätte mich gefreut, dich zu sehen!« Dann würde ich wahrscheinlich gleichermaßen beschämt und erleichtert dastehen.

Wieder einmal wären mir anschließend die vier Ohren in den Sinn gekommen, mit denen wir nach Schulz von Thun Botschaften hören können:[24]

1. das »Sach-Ohr«,
2. das »Beziehungs-Ohr«,
3. das »Selbstoffenbarungs-Ohr« und
4. das »Appell-Ohr«.

Demnach hätte ich die Frage des Kollegen auf vierfache Weise verstehen können: 1. »Wo warst du gestern? Hast du Fernsehen geguckt oder hast du ein schönes Buch gelesen?« 2. »Wo warst du gestern? Ich habe dich vermisst, es wäre schön gewesen, dich zu sehen!« 3. »Wo warst du gestern? Ich habe bei dem Konzert großen Spaß gehabt, alles lief hervorragend.« 4. »Wo warst du gestern? Wenn die Schulgemeinde ein Konzert aufführt, dann gehört es zur Pflicht eines engagierten Kollegen, dabei zu sein!«

Ich hätte analysiert, dass mein Kollege mein Beziehungsohr aktivieren wollte und er sich vielleicht auch gefreut hätte, wenn ich ihn einfach mal nach dem Verlauf des Konzerts gefragt hätte,

---

24 Friedemann Schulz von Thun, Miteinander Reden 1, Störungen und Klärungen, Reinbek bei Hamburg 1981, 44ff.

aber ich hatte einmal wieder nur das Appell-Ohr geöffnet und wäre beinahe in einen Konflikt geraten. Gut, hätte ich mir gesagt – wenn ich das alles richtig gemacht hätte – gut, dass wir darüber geredet haben. So hätte es sein können, wenn ich die gängigen psychologischen Kommunikationsmethoden nicht nur kennen, sondern auch umsetzten würde.

Jean-Paul Sartre hätte auf die Frage: »Wo warst du gestern? Wir haben dich vermisst!« ganz anders reagiert. Er wäre entzückt gewesen, wie folgende autobiographische Notiz belegt:

Das war an einem Festtag. Im Fremdsprachen-Institut applaudierten viele Menschen unter den zuckenden Flammen der Auerschen Gasbeleuchtung. Meine Mutter spielte Chopin; auf Geheiß meines Großvaters sprachen alle Französisch: ein langsames, gutturales Französisch von verwelkter Grazie und mit dem Pomp eines Oratoriums. Ich flog von Hand zu Hand, ohne den Boden zu berühren; ich erstickte am Busen einer deutschen Romanschriftstellerin, als mein Großvater von der Höhe seines Ruhmes herab ein Urteil verkündete, das mich ins Herz traf: »Einer fehlt hier, nämlich Simonnot.« Ich entwand mich den Armen der Romanschriftstellerin, flüchtete in einen Winkel, die Gäste verschwanden vor meinen Augen; im Mittelpunkt eines stürmisch bewegten Kreises sah ich eine Säule: Monsieur Simonnot in eigener Person, abwesend in Fleisch und Blut. Diese wunderbare Abwesenheit verklärte ihn. Dabei war das Institut gar nicht vollzählig versammelt: Einige Schüler waren krank, andere hatten abgesagt: aber das waren zufällige und bedeutungslose Vorfälle. Nur Monsieur Simonnot *fehlte*. Es hatte genügt, in diesem überfüllten Saal seinen Namen zu nennen – und schon war die Leere eingedrungen wie ein Messer. Ich staunte darüber, dass ein Mann einen so festen Platz haben konnte. Sein Platz: ein Nichts, das ausgehöhlt war durch das allgemeine Warten, ein unsichtbarer Bauch, aus dem man offenbar jäh von neuem geboren werden konnte. Wäre er doch plötzlich unter stürmischen Ovationen aus dem Erdboden aufgestiegen und hätten sich selbst die Frauen auf seine Hand gestürzt, um sie zu küssen, ich wäre ernüchtert gewesen: Die fleischliche Gewalt ist stets übermäßig. In seiner jungfräulichen Gestalt, reduziert auf die Reinheit einer negativen Essenz, bewahrte er sich die undurchdringliche Transparenz des Diamanten. Da es mein Los war, in jedem Augenblick an einem gewissen Ort der Erde zwischen gewisse Leute gestellt zu werden und mich dort überflüssig zu wissen, wollte auch ich *fehlen* wie das Wasser, wie das Brot, wie die Luft: allen anderen Menschen an allen anderen Orten.[25]

25   Jean Paul Sartre, Die Wörter, Reinbek bei Hamburg, 1965, 53.

In der christlichen Theologie gibt es einen wunderbaren Begriff für den Vorgang, den Sartre hier beschreibt: Parusieverzögerung. Mit diesem Begriff ist die Frage festgehalten, warum uns der Auferstandene Christus mit seiner endgültigen Wiederkunft so lange warten lässt. Der Erlöser *fehlt*, solange die Erlösung aussteht. Schön, wenn man jemanden vermisst, der einem fehlt und von dem man weiß: Er ist nicht verloren. So ähnlich meint das wohl auch Günter Grass[26] in seinem Gedicht »Schutzengel«: »Und geh ich verloren: mein Finder geht mit.« Das ist jedenfalls zufriedenstellender als die Situation der Feen, die Martin Auer[27] erklingen lässt:

> Es waren einmal zwei Feen,
> die sangen: »Das Leben ist schön!
> Wir schweben so hin und auch her.
> Das Schweben gefällt uns schon sehr.
> Das einzige, was uns betrübt,
> ist, dass es uns gar nicht gibt.

Grass und Auer machen uns klar, dass es zwei Dimensionen des Fehlens gibt: Dem Schutzengel von Grass kann ich danken, denn ich kann gar nicht verloren gehen. Auers Feen dagegen kann keiner helfen, weil sie niemand vermissen würde. Das Fehlen, in das sich Sartre hineinwünscht, ist begnadet vom Vermisst-Werden durch die anderen und entspricht der ersten Dimension. Und auch mein Vermisst-Werden beim Konzert mag für mich zwar nicht so erstrebenswert gewesen sein wie für Sartre, aber immerhin hat sich jemand um mich geschert. Die andere Dimension des Fehlens ist aber grausamer, nämlich die, wenn man unbemerkt fehlt und nicht als Fehlender festgestellt wird. Sie ist mit der Situation vergleichbar, bei der sich ein Kind versteckt und »kein Finder mitgeht«, weil es nicht gesucht wird. Diese Situation gibt es immer wieder in unseren Schulen, wenn fehlende Schüler und Kollegen nicht vermisst werden und sie niemand anruft oder ihnen niemand eine Karte schreibt.

26 Günter Grass, Schutzengel, in: Engel. Gedichte aus allen Sphären, Stuttgart 2001, 38.

27 Martin Auer, Es waren einmal zwei Feen, in: Arbeitstexte für den Unterricht. Wahrnehmen – staunen – begreifen, Stuttgart 1999, 103.

Friedrich Schleiermacher – Oder:
Alles Beschränkte als eine Darstellung des
Unendlichen hinnehmen

Während eines kurzen Rom-Urlaubs ging ich mit meiner Frau in ein Restaurant. Wie meistens brauchten wir etwas länger, um den richtigen Tisch zu finden. Endlich nahmen wir einen Tisch in der Nähe von einem Ehepaar mit ihrem pubertären Sohn. Die drei saßen recht stumm da und der Sohn hatte ein bis zu den Ohren gerötetes Gesicht. Ich sagte leise zu meiner Frau: »Schau mal, dieser verklemmte Junge, mit dem roten Gesicht!« Sie antwortete: »Wahrscheinlich ist es ihm etwas heiß, es ist ja auch wirklich warm hier.«

Das kleine Beispiel zeigt, wie schnell wir urteilen und andere in ein Denkschema pressen. Angenommen, ein solcher Junge mit rotem Gesicht würde in meinem Unterricht sitzen und ich hätte die Diagnose: ein verklemmter Junge! Die Folge wäre, ich würde ihn wie einen verklemmten Jungen anschauen und eventuell auch anders, vielleicht vorsichtiger, behandeln. Die Folge wäre: Der Junge würde sich in meiner Gegenwart unwohl fühlen und sich irgendwie sonderbar betrachtet sehen. Die Folge wäre: Der Junge würde sich in seinen Interaktionen mit mir gehemmt fühlen und zusätzlich zu seiner »normalen« Röte noch röter werden. Die Folge wäre: Der Junge fühlte sich verklemmt. Meine ursprüngliche Diagnose würde stimmen.

Unsere Diagnosen sind Zuschreibungen erzeugen eine Wirklichkeit, die so mächtig ist, dass unsere Schüler ihr oft unbewusst entsprechen, nicht selten tun sie ihnen Gewalt an. Manche Schüler rebellieren gegen unsere diagnostischen Zuschreibungen, um dadurch noch stärkeren Zuschreibungen ausgesetzt zu werden. Die Rebellion gegen das Etikett »Störer« z.B. wird dieses immer mehr bestätigen.

Es macht mich richtig traurig, wenn ich sehe, wie sich die Schülerinnen und Schüler einer fünften Klasse verändern, wenn die ersten Klassenarbeiten geschrieben worden sind. In der neuen Klasse sind zunächst die meisten Schüler recht offen. Lustige Gesellen, die alle zeigen möchten, was für besondere Wesen sie sind. Das geht in der Schule natürlich nur begrenzt, da jeder seinen Platz finden muss. Nach den ersten Arbeiten gibt es aber immer eine Reihe von Schülern, die durch die Noten in der Klassenordnung sehr weit unten ihren Platz finden. Deren spontane Fröhlichkeit geht flöten. Sie wenden die Zuschreibung »schlechter Schüler« auf sich selbst an und verhalten sich dementsprechend. Still und resigniert die einen, laut und aggressiv die anderen.

Ich plädiere dafür, in unseren Schülern »schlummernde Vulkane« zu sehen, wie Brigitte Reimann in ihrem Roman »Ankunft im Alltag« schreibt. In allen steckt mehr, als wir sehen. Und was wir zu sehen meinen, sind unzureichende Zuschreibungen. Meine Haltung ist sehr von Schleiermacher geprägt, folgendes Zitat scheint auf den ersten Blick wenig mit den unzulänglichen Diagnosen und Bewertungen, die wir auf unsere Schüler anwenden, zu tun zu haben.

Anschauen des Universums, ich bitte, befreundet Euch mit diesem Begriff, er ist die Angel meiner ganzen Rede, er ist die allgemeinste und höchste Formel der Religion, woraus Ihr jeden Ort in derselben finden könnt, woraus sich ihr Wesen und ihre Grenzen aufs genaueste bestimmen lassen. Alles Anschauen gehet aus von einem Einfluß des Angeschaueten auf den Anschauenden, von einem ursprünglichen und unabhängigen Handeln des ersteren, welches dann von dem letzteren seiner Natur gemäß aufgenommen, zusammengefaßt und begriffen wird. Wenn die Ausflüsse des Lichtes nicht – was ganz ohne Eure Veranstaltung geschieht – Euer Organ berührten, wenn die kleinsten Teile der Körper die Spitzen Eurer Finger nicht mechanisch oder chemisch affizierten, wenn der Druck der Schwere Euch nicht einen Widerstand und eine Grenze Eurer Kraft offenbarte, so würdet Ihr nichts anschauen und wahrnehmen, und was Ihr also anschaut und wahrnehmt, ist nicht die Natur der Dinge, sondern ihr Handeln auf Euch. Was Ihr über jene wißt oder glaubt, liegt weit jenseits des Gebiets der Anschauung. So die Religion; das Universum ist in einer ununterbrochenen Tätigkeit und offenbart sich uns jeden Augenblick. Jede Form, die es hervorbringt, jedes Wesen, dem es nach der Fülle des Lebens ein abgesondertes Dasein gibt, jede Begebenheit, die es aus seinem reichen, immer fruchtbaren Schoße herausschüttet, ist ein Handeln desselben auf uns; und so alles Einzelne als einen Teil des Ganzen, alles Beschränkte als eine Darstellung des Unendlichen hinnehmen, das ist Religion; ... Alle Begebenheiten in der Welt als Handlungen eines Gottes vorstellen, das ist Religion, es drückt ihre Beziehung auf ein unendliches Ganzes aus, ... Anschauung ist und bleibt immer etwas einzelnes, abgesondertes, die unmittelbare Wahrnehmung, weiter nichts; sie zu verbinden und in ein Ganzes zusammenzustellen, ist schon wieder nicht das Geschäft des Sinnes, sondern des abstrakten Denkens.

So die Religion; bei den unmittelbaren Erfahrungen vom Dasein und Handeln des Universums, bei den einzelnen Anschauungen und Gefühlen bleibt sie stehen; jede derselben ist ein für sich bestehendes Werk ohne Zusammenhang mit andern oder Abhängigkeit von ihnen; von Ableitung und Anknüpfung weiß sie nichts, ... alles ist in ihr unmittelbar und wahr.[28]

Ein recht langes Zitat. Wie war noch der Bezug? Ach, ja, die Zuschreibungen ... Mir hilft Schleiermacher, Dinge so zu nehmen, wie sie sind, und mich mehr auf die Wahrnehmung zu verlassen als auf ihre Deutung. Gegen vorschnelle Etikettierungen bietet mir Schleiermacher zwei therapeutische Mittel: *Einerseits* verdanke ich ihm, in jeder Situation eine Wirkung des Universums zu sehen. Die Situation im Unterricht, in der ich mich jetzt befinde, ist einmalig. Die Geschichte des gesamten Universums steuerte auf diese eine Unterrichtsstunde zu. Und auch die Schüler in meinem Unterricht sind jeder für sich Teil des Universums, das je diesen einen Menschen vor mich gesetzt hat. Jeder Schüler ist mehr, als ich je über ihn werde aussagen können. Sie werden lachen, aber manchmal kann ich das im Unterricht *so* sehen und wahrnehmen und bin glücklich. Aber *andererseits*, wenn das nicht so ist? Wenn der Unterricht schief läuft, die kleinen Universen mir ihre schwarzen Löcher offenbaren, in denen jeder Unterrichtsgegenstand unwiederbringlich verschwindet? Dann kommt Schleiermachers zweites therapeutisches Mittel zum Zug: »Alles Beschränkte als eine Darstellung des Unendlichen hinnehmen, das ist Religion.« Das ist ein ganz unmystischer Dreh, der darin besteht, sich gerade nicht aus den schwierigen Alltagssituationen zu verabschieden, sondern in sie hineinzugehen und sie geradezu aufzusuchen. Auch das Leiden an den eigenen Unzulänglichkeiten und den Unfähigkeiten oder Unflätigkeiten der anderen sind Darstellungen des Unendlichen, auch all dies gehört somit in die Sphäre Gottes und wird von ihm getragen oder ist durch ihn »aufgehoben«, um einmal mit Hegel zu sprechen.

Vielleicht ist diese Haltung übermäßig optimistisch und kaum immer durchzuhalten, aber sie ist immer noch näher an den wirklichen Situationen und den wirklichen Menschen dran als Herr K. in der bekannten Geschichte von Brecht: »Was tun Sie«, wurde Herr K. gefragt, »wenn Sie einen Menschen lieben?« »Ich mache

---

28   F.D.E. Schleiermacher, Über die Religion. Reden an die Gebildeten unter ihren Verächtern, Hamburg 1958, 31–33.

einen Entwurf von ihm«, sagte Herr K., »und sorge, dass er ihm ähnlich wird.« »Wer? Der Entwurf?« »Nein«, sagte Herr K., »der Mensch.«

Dann doch lieber an die Wirklichkeit herangehen wie John Berger, der schreibt: »... würden alle Männer ihre Frauen malen, gäbe es mehr schöne Frauen. Das ist sicher.«[29] Dann gilt sicher auch der Satz: Würden alle Lehrer ihre Schüler malen, gäbe es mehr gute Schüler. Das ist sicher.

3. Bildung durch Orientierung

Wegzehrung: Wie die Kinder sein!

Kürzlich sah ich einen Vater, der einen kleinen Säugling auf dem Arm durch eine Geschäftsstraße der Stadt trug. Das Kind ließ sich mit weit offenen Augen und im Takt des Trittes wackelndem Kopf tragen. Ich werde von solchen flüchtigen Begegnungen manchmal sehr eingenommen und werfe diesem Vater und seinem Kind im Herzen einen Segensgruß hinterher.

Mir wurde in diesem Augenblick Jesu Zeichenhandlung und Wort als Antwort auf die Jüngerfrage »Wer ist doch der Größte im Himmelreich?« klar. »Jesus rief ein Kind zu sich und stellte das mitten unter sie und sprach: »Wahrlich ich sage euch: Es sei denn, dass ihr euch umkehret und werdet wie die Kinder, so werdet ihr nicht ins Himmelreich kommen.« (Mt 18,1–3)

Das auf dem Arm des Vaters wackelnde Kind vor dem inneren Auge wurde mir klar, dass das Kind-Werden weder eine moralische Forderung Jesu ist noch eine Frage der richtigen Erkenntnis. Die moralische Deutung des Jesus-Wortes setzt meist bei der Unschuld der Kinder an. Die Unschuld der Kinder wird dann gerne gegen die alte Erbsündenlehre ins Feld geführt. Hat denn ein neugeborenes Baby schon Schuld auf sich geladen? Nein, möchte man sagen. Vermutlich werden jedoch alle Menschen, die mit Kindern Umgang haben, von der natürlichen Unschuld der Kinder recht wenig überzeugt sein. Eltern und Erzieher kommen wohl kaum umhin, die Lust der Kinder daran,

---

29 John Berger, Die Spiele, Leipzig 1991, 125.

ihnen den Schlaf oder anderen Kindern das Sandförmchen zu rauben, nicht als lautere Unschuld zu betrachten.

Das Bild des Vaters mit seinem großäugigen Kind ließ mich aber auch zweifeln, dass das Kind-Werden eine Frage der richtigen Einstellung oder Erkenntnis ist. Mich sprach dieses Bild nämlich gerade deshalb so an, da ich überlegte, was wohl in diesem kleinen Wesen vor sich geht, und dies bei mir für den Moment eine gedankliche Leere entstehen ließ. »... – – – ...« So musste das Kind sich fühlen, in einer reinen vorsprachlichen Welt in dem bergenden Arm des Vaters, aber auch dies nicht rational begreifend, sondern emotional aufnehmend. Dieses Kind staunt mit offenem Mund, es befindet sich in der Welt, aber hat es Welt, versteht es Welt?

Das ist es, dachte ich, was Jesus meint, Kind-Werden heißt Kind-Sein: Wie dieses Kind jenseits von gut und böse, jenseits von Vernunft und moralischer Kraft sich einfach im Arm des Vaters befindet, so ist es mit dem Glauben. Erkenntnis und Moral, Wissen und Tun mögen ihn begleiten, aber seine ontologische Gewissheit bezieht er aus dem Sein von und vor Gott.

Vielleicht meint das auch Karl Barth. Erkenntnis und Moral folgen allererst der Glaubensgewissheit. Er sagt: »Bleibt, was ihr seid, und werdet es immer mehr!«[30]

Siegfried Bernfeld – Oder:
Der Untergang des Ödipuskomplexes

Einmal sagte eine fremde Schülerin zu mir: »Ach, Sie sind der Herr Kutting, Sie sind ja ganz nett, da werde ich in der Redaktion unserer Schülerzeitschrift mal ein gutes Wort für Sie einlegen, die wollen nämlich ein paar saftige Sprüche von Ihnen bringen.« Da fällt einem nichts mehr ein. Weniger wegen der subtilen Drohung mit der Schülerzeitung (in der ein paar wirklich sehr harmlose Sprüche standen) als wegen der Haltung der Schülerin, die so wenig Einsicht in ihre eigene Überheblichkeit zeigt.

Vielleicht wird diese Überheblichkeit, die uns Schüler entgegenbringen, verständlich, wenn wir uns klarmachen, dass die

30 Karl Barth, Der Römerbrief. Erste Fassung 1919, GA II. Abt. Bd. 16, 577.

Schüler dadurch eine Lust an der Bewertung und Abkanzelung von Lehrern gewinnen, weil sie sich von Lehrern auch immer bewertet fühlen und die Bewertung sich »gefühlt« oft nicht nur auf die Leistung, sondern auch auf die Person bezieht.

Dennoch entsteht alljährlich bei vielen Kollegen eine tiefe Enttäuschung, wenn sie ihren Unterricht in der Abizeitung dargestellt finden. Jedes Jahr aufs Neue können sie lesen, dass ein an sich gutwilliger Lehrer hilflos versucht, widerstrebende, träge Kurse zur Mitarbeit zu bewegen, auf die sich dann auch wirklich ein paar gnädige Geschöpfe (»Schüler«) einließen, wogegen der Großteil des Kurses jedoch lustige Bilder zeichnete, Hausaufgaben für andere Fächer machte, den Terminplaner aktualisierte, die neusten Handy-Games ausprobierte oder einfach döste. Man könnte alle Abizeitungen in Deutschland nebeneinanderlegen, ohne viele Ausreißer ins Positivere oder Negativere festzustellen.

Was enttäuscht uns Lehrerinnen und Lehrer? Das interne Forum, in dem man untereinander als witzig erscheinen möchte, ist den Schülern wichtiger als ein ordentlicher Abschied von den Menschen, die sich acht bis neun Jahre lang um sie gekümmert haben. Merken die denn nicht, dass sie einem wehtun, dass man mit ihnen verbunden war? Oh, doch, sie merken es selbst, darum müssen sie so schreiben. In den Schülern streiten Ablösungswille und Verlustangst miteinander.

Sigmund Freud stellt die Gefühlsambivalenz von Schülern, die sich aus dem Ödipuskomplex ergibt, schön in dem kleinen Aufsatz »Zur Psychologie des Gymnasiasten« dar. Er schreibt, dass sich in der zweiten Hälfte der Kindheit eine Veränderung des Verhältnisses zum Vater vorbereitet. Das Kind findet im Vater nicht mehr das mächtigste, weiseste, reichste Wesen, sondern ist mit ihm unzufrieden, lernt ihn kritisieren und sozial einzuordnen. Da in diese Zeit auch das Zusammentreffen mit den Lehrern falle, wird die Gefühlsambivalenz des Kindes auch auf diesen Vaterersatz übertragen: Wir begannen,

sie zu behandeln wie unsere Väter zu Hause. ... Ohne Rücksicht auf die Kinderstube und das Familienhaus wäre unser Benehmen gegen unsere Lehrer nicht zu verstehen, aber auch nicht zu entschuldigen.[31]

31 Sigmund Freud (1856 Freiberg, Mähren – 1939 London): Gesammelte Werke X, Frankfurt/M. 1973, 207.

Wir stehen als Lehrer in einer ähnlichen Gefühlsambivalenz unseren Schülern gegenüber, besonders dann natürlich, wenn wir sie mögen. Der Untergang des Ödipuskomplexes, der sich aufgrund richtiger, versagender Liebe vollziehen kann, findet in einem immer wieder lesbaren Essay von Siegfried Bernfeld aus dem Jahre 1925 eine hinreißende Darstellung. Mit »Untergang des Ödipuskomplexes« bezeichnet er genau den Vorgang, bei dem die kindlichen Wünsche verdrängt werden und die Ausbildung des Gewissens einen Durchbruch des Verdrängten hindert. Das: Ich muss von der Erinnerung an die Urverbrechen Inzest und Vatermord gereinigt werden. Dennoch bleibt in allen Liebesverhältnissen das Verdrängte aktiv und versucht die Kindheitssituation wieder herzustellen:

Wo und wen und was wir lieben: Es liebt in uns, und Es liebt nur in der einmal schon erlebten Weise. Mit jenen Einstellungen, jenen Korrekturen, jenen Kompromissen, die das Ich erzwingen kann, erzwingen muss, um nicht vis-à-vis dem einen: dem Urverbrechen zu stehen.

Entsteht zwischen Kind und Erzieher überhaupt eine Beziehung, so wird unweigerlich und unvermeidlich die Ödipusbeziehung sich aus ihr entwickeln. Und zwar von beiden Seiten her. Das Kind wird den Erzieher lieben (oder hassen oder lieben und hassen), wie es Vater oder Mutter liebt oder liebte. Es bringt ihm stürmisch, hartnäckig und, wenn es sein muss, verschlagen die Wünsche entgegen, die es zu ihnen hegte, und wird sich getrieben sehen, das Schicksal zu wiederholen, das sie damals erfuhren. Und der Erzieher, was bleibt ihm anderes übrig, als diese Rolle anzunehmen, einerlei, ob er das Kind liebt oder nicht. ...

Unser Erzieher liebt aber das Kind. Er spielt seine Rolle freiwillig, mit Begeisterung und Hingabe, unter dem Wiederholungszwang, wenigstens unter den Einwirkungen seines eigenen Ödipuskomplexes. Dies Kind vor ihm ist er selbst als Kind. Mit denselben Wünschen, denselben Konflikten, denselben Schicksalen. Die wirklichen Unterschiede wiegen hier leicht. ... Und sein Tun, sein Erfüllen und Verbieten ist das seiner eigenen Eltern. Er ist in dieser pädagogischen Paargruppe zweimal enthalten: als Kind und als Erzieher. Reichlich kompliziert, aber noch nicht genug. Denn er als Erzieher, er ist kein Er, kein Ich, sondern ein denkendes, handelndes Ich, dem eine ichfremde Gewalt, das Triebwünschen seines Verdrängten, hemmend und treibend gegenübersteht. So steht der Erzieher vor zwei Kindern: dem zu erziehenden vor ihm und dem verdrängten in ihm. Er kann gar nicht anders, als jenes zu behandeln, wie er dieses erlebte. Denn was jenem recht, wäre diesem billig. Und er wiederholt den

Untergang des eigenen Ödipuskomplexes am fremden Kind, an sich selbst. Er wiederholt es auch dann, wenn er scheinbar das Gegenteil all dessen tut, was ihm seine Eltern antaten.

Also, ich finde diese pädagogische Situation reichlich kompliziert und sehe des freundlichen Lesers Hoffnung schwinden, in diesem Wirbel von Affekten rationales Tun und zielbewusstes Handeln nach Prinzipien und den Resultaten der Empirie zu erwarten. Aber das eine wenigstens wird er vermuten: Sie bietet tiefe Befriedigungsmöglichkeiten für den Erzieher, wenn die drei Partner, das Kind vor ihm, das Kind in ihm und sein Ich, in Harmonie sich in der großen Wiederholung finden. Ebenso groß freilich ist die Möglichkeit tiefster Unbefriedigung. Ja sie ist eigentlich unvermeidlich. ... Denn die beiden Kinder wollen die Wiederholung der Ödipussituation, das Ich will die Wiederholung ihrer Überwindung, ihres Untergangs. Es antwortet mit Schuldgefühl ... wenn sich die von ihm verworfene Liebessituation einstellen will, das verdrängte Kind weiß sich zu rächen, wenn sie ihm verwehrt wird. So wird der Erzieher auf das Kind vor ihm mit Ärger, Strenge, Inkonsequenz, Verfolgung reagieren – sich meint er und den Zögling schlägt er; und verliert dessen Liebe ...«[32]

Vielleicht macht es uns Lehrern den Abschied von unseren Schülern leichter, wenn wir verstehen, in welcher Ambivalenz sie uns gegenüber stehen, aber auch und vor allem *wir* ihnen gegenüber. In den Abiturzeitungen begegnet uns dann weniger Überheblichkeit als eine sublime Form zu zeigen, dass man uns Lehrer gehasst und geliebt hat. Wir Lehrer können Größe zeigen, indem wir die Abgrenzungsversuche ertragen, ohne uns beleidigt zurückzuziehen.

Denn das sehen wir klar und deutlich: Gegenüber der christlichen Gestaltung des Untergangs des Ödipuskonflikts in Firmung und Konfirmation gewinnt das Abitur als Passageritus immer größere Bedeutung. Das Abitur stellt ein mächtiges individuelles und kollektives Übergangserlebnis dar. Übergänge, wie etwa auch Silvester und Fastnacht zeigen, brauchen immer ein wenig Getöse, weil anschließend zwar auch aufregende, aber doch ruhigere und vor allem einsamere Zeiten kommen. Jetzt nach dem Abitur muss man wirklich allein mit den Herausforderungen des Lebens fertig werden. Jeder Schüler hat dann nun mehr nur noch sein eigenes, kleines Forum, uns Lehrern bleibt die Schule

---

32   Siegfried Bernfeld (1892 Lemberg – 1953 San Franzisco): Sisyphos oder die Grenzen der Erziehung, Frankfurt/M. 1981, 140 f.

mit ihrer eigenen Öffentlichkeit, in der wir heute eine kritische Größe darstellen, aber später idealisiert werden. Wie schreibt Freud als 60-Jähriger über seine Lehrer? »Im Grunde liebten wir sie sehr, wenn sie uns eine Begründung dazu gaben; ich weiß nicht, ob alle unsere Lehrer dies bemerkt haben.«[33] Schön, wenn wir Lehrer das auch von unseren Schülern sagen könnten. Schade, dass es Tabu ist oder sein muss, dies ehrlich zu kommunizieren. Oder?

Hannah Arendt – Oder:
Was von Kindern kommt, dagegen wehrt man sich selber!

Meinen Vater fragte ich einmal: »Früher bei euch, wenn ihr eine Schlägerei hattet, war es nicht so brutal wie heute?« Mit seiner Antwort hatte ich nicht gerechnet: »Wir sind immer zur Kerb des Nachbarorts gegangen und haben deren Jungs abgepasst, um uns mit denen zu prügeln. Wenn wir Kerb hatten, dann haben die das Gleiche mit uns gemacht.« Ich: »Aber da gab es doch noch gewisse Regeln der Fairness! Heute wird noch mit Springerstiefeln weitergetreten, wenn einer schon am Boden liegt.« Mein Vater: »Und wir haben Latten aus den Jägerzäunen herausgerissen und uns damit geschlagen.« Gab es früher schon Gewalt? Wird vielleicht alles gar nicht immer schlimmer? Ist am Ende Gewalt unter Jugendlichen eine entwicklungsbedingte Episode?

Spätestens seit man weiß, dass Journalisten Schülern schon mal etwas Geld geben, damit diese »zwei Minuten Gewalt« fürs Fernsehen liefern, kann man das Thema »Gewalt an Schulen« zwiespältig beurteilen. Einerseits werden viele Belange des alltäglichen Lebens, die eher den Charakter des Privaten haben, ins grelle Licht der Öffentlichkeit gezerrt und bekommen dadurch einen ganz eigenen Charakter. Die Schulen werden erpressbar, Eltern, deren Kinder in der Schule gemobbt werden, drohen mit der Presse, wenn man nicht auf bestimmte Weise im Sinne der Eltern reagiert und z.B. den »Hauptmobber« in eine andere Klasse versetzt. Dies kann dann mit dem Resultat geschehen, dass vielleicht ein anderer in der Klasse seine Rolle übernimmt. Andererseits leiden viele Schüler

---

33 Sigmund Freud, a.a.O., 205.

still und leise von A bis Z unter der Brutalität einiger pubertierender Mitschüler, wenn sie in die Zange von Alphamännchen und Zickenweibchen geraten.

Es werden zum Glück an vielen Schulen gute Instrumente entwickelt, um mit aggressivem Verhalten umzugehen: Moderatoren, Tutoren, Beratungslehrer, Klassenkonferenzen, Streitschlichter etc. Es wächst eine Kultur des Gewaltmanagements, die sehr hilfreich ist. Aber eine Sache sollte kritisch angemerkt werden. Wenn Aggression die eine Seite der Medaille ist, deren andere den Namen »Depression« trägt, dann muss man fragen, wie viel Raum »Aggressivität« im Erleben der Kinder überhaupt einnehmen darf. Wenn Aggression in der gesunden Entwicklung eines jeden Menschen eine Rolle spielt, darf dann jede ihrer Ausdrucksformen als Gewalt bezeichnet werden? Wird der Aggressivität ein angemessener Platz im Erleben der Kinder zugebilligt?

Fakt ist, unsere Kinder werden in immer größerem zeitlichen Umfang betreut, d.h. sie werden in einem viel stärkeren Maße pädagogisch beaufsichtigt, als es wahrscheinlich bei uns der Fall war. Viele unserer Kinder stehen den lieben langen Tag lang unter Beobachtung. Gibt es noch »geheime Stellen« im Leben der Kinder?[34] Haben sie unter der Bedingung pädagogischer Rundumbetreuung noch Möglichkeiten ihre Dinge *selbst* zu regeln? Könnte es sein, dass das autoaggressive Schnipseln und Hungern *auch* eine Ursache im »Deckeln« von Konflikten und ihrem Austrag haben? Wie weit sollen sich Erwachsene (Eltern, Erzieher und Lehrer) aus den Auseinandersetzungen und Streitereinen der Kinder und Jugendlichen heraushalten? Macht manchmal unser pädagogischer Übereifer nicht mehr kaputt als ganz? Wirken manche unserer ängstlichen Hyperaktivitäten eventuell eher wie ein Schalldämpfer an einer entsicherten Pistole, anstatt Springmesser in Eislöffel zu verwandeln?

Ich freue mich über eine entlastend einfache Aussage des großen Pädagogen Janusz Korczak, der seinen Zöglingen im Kinderheim sagte: »Wenn ihr euch prügelt, nicht sofort auf die Nase hauen, das machen nur Proleten, das beendet außerdem den Kampf viel zu schnell.«

---

34 Vgl.: »Die geheime Stelle ist also im wesentlichsten Sinne die Stelle, an der man bei sich ist.« Martinus J. Langeveld, Die Schule als Weg des Kindes, Braunschweig 1960, 78.

Auch von der großen Dame eines widerständigen Lebens, Hannah Arendt, kann man zu unserem Thema einen wichtigen Hinweis bekommen:

... wenn ich noch einmal auf das Besondere meines Elternhauses zurückkommen darf: Sehen Sie, der Antisemitismus ist allen jüdischen Kindern begegnet. Und er hat die Seelen vieler Kinder vergiftet. Der Unterschied bei uns war, dass meine Mutter immer auf dem Standpunkt stand: Man darf sich nicht ducken! Man muss sich wehren! Wenn etwa von meinen Lehrern antisemitische Bemerkungen gemacht wurden – meistens gar nicht mit Bezug auf mich, sondern in Bezug auf andere jüdische Schülerinnen, zum Beispiel ostjüdische Schülerinnen –, dann war ich angewiesen, sofort aufzustehen, die Klasse zu verlassen, nach Hause zu kommen, alles genau zu Protokoll zu geben. Dann schrieb meine Mutter einen ihrer vielen eingeschriebenen Briefe; und die Sache war für mich natürlich völlig erledigt. Ich hatte einen Tag schulfrei, und das war doch ganz schön. Wenn es aber von Kindern kam, habe ich es zu Hause nicht erzählen dürfen. Das galt nicht. Was von Kindern kommt, dagegen wehrt man sich selber. Und so sind diese Sachen für mich nie zum Problem geworden. Es gab Verhaltensmaßregeln, in denen ich sozusagen meine Würde behielt und geschützt war, absolut geschützt zu Hause.[35]

Was von Kindern kommt, dagegen wehrt man sich selber. Heißt das, wir müssen viele Kinder einem stillen Leiden überlassen, bis sie selbst lernen, sich zu wehren? Das sicher nicht, aber wir Lehrer sollten uns ein wenig mehr Zurückhaltung im Streitschlichten auferlegen. Im Umgang mit meinen Kindern mache ich die Erfahrung: Eigentlich immer, wenn ich mich in einen Streit meiner Töchter einmischte, wurde er schlimmer und eskalierte. Manchmal wollen Kinder, dass ihr Streit *ihnen* gehört.

Eine schöne Erfahrung möchte ich aber noch berichten. Unsere älteste Tochter erzählt eigentlich sehr wenig aus der Schule. Wenn man fragt: »Wie war's heute?«, antwortet sie meist: »Lass es!« Neuerdings redet sie aber beim Abendessen über die Schule und die Jungs, die die Mädchen fangen, und die Mädchen, die sich im Mädchenklo verstecken. »Und letztens«, erzählt sie, »habe ich einen Jungen mit Absicht geschlagen, ich wollte einfach mal wissen, wie das ist, wenn die mal was abbekommen.«

35 Hannah Arendt (1906 Hannover – 1975 New York): Ich will verstehen. Selbstauskünfte zu Leben und Werk, München 1996, 52 f.

Was hatte sich verändert, dass sie plötzlich so mutig wurde und anfing zu erzählen? Erklärung: Ihr Klassenlehrer hat begonnen, sich mit seiner 3. Klasse zu unterhalten. Meine Tochter: »Wir besprechen jetzt immer Sachen und damit es länger dauert, denken wir uns manchmal extra was aus und stellen ganz viele Fragen, wie wir uns verhalten sollen und was man da und da machen kann!« Wir Eltern waren zunächst etwas belustigt und ein wenig beunruhigt über das »Besprechen« in der Klasse, weil wir dachten: Sollte nicht vielleicht doch lieber mehr Mathe geübt werden? Aber das Resultat des »Besprechens« hat uns eines Besseren belehrt und versöhnt. Meine Frau fragte: »Eine Zeitlang hattest du fast jeden Tag irgendwelche Kratzer und Katscher. Kam das auch von euren Schulhofbalgereien?« – »Ja.« – »Warum hast du uns denn nie etwas davon erzählt?« – »Ich hab mich nicht getraut. Ich wusste nicht, ob ich darüber reden darf, dass wir in der Pause Quatsch gemacht haben. Ich habe gedacht, dann bekommen wir (!) Ärger!«

Bin ich mir mit dieser Geschichte nicht selber in die Parade gefahren? Ist sie nicht eine Beispielgeschichte über einen guten pädagogischen Umgang mit »Gewalt«? Ja, wir haben es hier wirklich mit einem pädagogisch guten Umgang mit »Gewalt« zu tun, weil der Lehrer mit seiner Klasse über die Vorgänge redet, die *passieren*. Aber er verbietet nicht, *dass* etwas auf dem Schulhof geschieht. Er »verbietet« nicht ihre Erfahrungen. Er könnte ja auch in Gesamtkonferenzen bessere Aufsichten etc. fordern und den ganzen Apparat an pädagogischen Möglichkeiten einsetzen, weil es an der Schule ein Gewaltproblem gibt. Das tut der Klassenlehrer unserer Tochter nicht. Er bespricht die Erlebnisse der Kinder. Die Kinder reden mit den Eltern. Die Eltern gehen hoffentlich nicht zum Schulleiter, weil mehr Mathe gemacht werden soll oder die »Gewalt« auf dem Schulhof beendet werden muss. Ist es nachlässig, wenn man Kindern erlaubt, Hannah Arendts Satz zu leben: Was von Kindern kommt, dagegen wehrt man sich selber? Vielleicht weniger nachlässig als in gutem Sinne lässig! Den Kindern werden ihre Erlebnismöglichkeiten gelassen *und* es wird geschaut, dass dabei keines der Kinder still unter den anderen leiden muss.

Alfred Adler – Oder:
Der will nur Aufmerksamkeit

Wenn ein Kind im Unterricht den Kasper macht, sagen manche, der will ja *nur* Aufmerksamkeit. Das ist halb richtig und halb falsch. Falsch ist die Unterstellung, dass Aufmerksamkeit zu wollen etwas Schlechtes sei. Denn richtig ist, dass jedes Kind und überhaupt jeder Mensch Aufmerksamkeit will. Die entscheidende Frage ist dann eher, wie man gewohnt ist, Aufmerksamkeit zu bekommen. Es gibt zwei Möglichkeiten: Man kann Aufmerksamkeit aufgrund von erwünschtem oder aufgrund von unerwünschtem Verhalten bekommen. Wenn einem der Zugang zur »positiven« Aufmerksamkeit verbaut ist, weil man die Erfahrung gemacht hat: »Meine Eltern treten nur in Kontakt zu mir, wenn ich etwas anstelle«, dann wird dies zu einem Muster. Jedes auffällige Verhalten ist dann eine Vergewisserung der Selbstwahrnehmung. Kinder erfahren über die negativen Reaktionen der Erwachsenen, dass sie überhaupt von anderen wahrgenommen werden. Manche Kinder haben nur dann das Gefühl zu existieren, wenn sie sich selbst über die negativen Reaktionen der Umwelt erfahren. Es ist dann wirklich wie im Kasperletheater: »Seid ihr alle da?« Aber der Kasperl ruft ja nur deshalb, »Seid ihr alle da?«, damit wir merken, *er* ist da. *Er* möchte wahrgenommen werden, er will *nur* (= einzig und allein!) Aufmerksamkeit!

Die Zuschreibung ADS und die Verschreibung Retalin ist einfacher. Als eine unserer Töchter nach (!) einem Gottesdienst die Stufen zur Kanzel hochklettern wollte, hörte ich eine ältere Dame zu ihrem Gatten sagen: »Die kann nichts dafür, die hat ADS!« Passiert, notiert! Wären wir daraufhin zum Arzt gegangen, hätten wir heute ein ADS-Kind, stattdessen haben wir eine muntere Tochter, die mit dem Einrad in die Schule fährt.

Ein Kollege geriet in der Schule einmal fast außer sich: »Ich habe den Eltern gesagt, dass ihr Sohn ADS hat, sie wollten mir nicht glauben, er sei doch so unauffällig, aber ich weiß es, er hat die stille Form von ADS!« (Vorsicht! Nebenbemerkung! Bitte nicht lesen! Falls Sie, liebe Leserin und lieber Leser, die Diagnose »ADS« bei einem Ihrer Schüler in Frage stellen möchten, seien Sie vorsichtig – weder Eltern noch Kollegen lassen sich gern ihre Diagnose wegnehmen, besonders dann, wenn neben ADS auch noch eine Hochbegabung vorliegt! Gern wird dann gesagt, dass sich das Kind im Unterricht langweilt und es besondere Aufgaben braucht. Diese könnte es bei den meisten Kollegen sicher bekommen, wenn es *erst* einmal die Aufgaben erledigen würde, die alle machen.)

Zurück (bzw. immer noch) zum Thema: »Der will nur Aufmerksamkeit!« Alfred Adler geht davon aus, dass alles Handeln zielgerichtet ist. In der Regel suchen wir in unseren Ausdrucksformen Bestätigung und Anerkennung. Adler nennt daher Geltungs- und Machtdrang eine wesentliche Triebkraft des Menschen. Diese Triebkraft erwächst aus der Erfahrung der Kindheit. Die Großen können alles besser! Das Kind steht in einem Dauerkonflikt zwischen seiner noch ungenügenden leiblichen (körperlich-seelischen) Ausstattung und dem Drang nach Befriedigung von Gleichrangigkeit. Eine gesunde psychische Entwicklung wird nach Adler durch die Erfahrung gewährleistet, nützlich für eine Gemeinschaft zu sein. Ein latentes Minderwertigkeitsgefühl entsteht, das sich zu einem Minderwertigkeitskomplex auswachsen kann, wenn es nicht gelingt die Strebungen des Individuums in der nützlichen Seite des Lebens, im Gemeinschaftsgefühl, aufgehen zu lassen. Erfährt das Kind nicht seinen Nutzen für die Gemeinschaft, erfolgen Überkompensationen, wie das vorhin erwähnte Kasper-Verhalten. Der Geltungsdrang wird nur scheinbar befriedigt, wenn unnützliches Verhalten für das Ziel, Aufmerksamkeit zu erlangen, eingesetzt wird. Unnützliches Verhalten drückt das Verlangen aus, dass sich jemand mit einem beschäftigt. Da aber die Beschäftigung widerwillig erfolgt, bleibt die Befriedigung aus. Ein Teufelskreis entsteht. Alfred Adler beschreibt im folgenden, worin er die Wurzeln des Gemeinschaftsgefühls sieht:

Welches sind die Wurzeln des Gemeinschaftsgefühls? Darüber gibt es erhebliche Meinungsverschiedenheiten. Doch es scheint, jedenfalls soweit der Verfasser herauszufinden vermochte, dass wir es hier mit einem Phänomen zu tun haben, das unaufhebbar mit dem Begriff Mensch überhaupt verbunden ist. Man kann sogar fragen, ob in gewissem Sinne solch ein seelisches Gefühl nicht noch weit eher angeboren ist als das psychische Überlegenheitsstreben. Die Antwort lautet, dass beide im Grunde den selben Kern besitzen – dass das individualistische Verlangen nach Überlegenheit und Vorherrschaft und das Gefühl der Sozialgesinnung auf der gleichen Grundlage der menschlichen Natur beruhen. Beide sind Ausdruck eines Grundverlangens nach Bestätigung; sie unterscheiden sich in der Form, und ihre unterschiedlichen Ausdrucksformen bedingen zwei unterschiedliche, stillschweigend mitverstandene Beurteilungen der menschlichen Natur. So beruht das individualistische Streben nach Vorherrschaft auf der Auffassung, das Individuum könne ohne die Gruppe auskommen, während das Gefühl der Sozialgesinnung von der Ansicht ausgeht, das Individuum sei in gewisser Weise von der Gruppe abhängig. Was die Ansicht über die menschliche Natur betrifft, so kann kein Zweifel bestehen, dass das Gemeinschaftsgefühl dem individualistischen Streben überlegen ist. Das erstere steht für eine gesündere, begründetere und logisch grundlegendere Anschauung, während das letztere nur als ein oberflächlicher Standpunkt bezeichnet werden kann, auch wenn es als psychologisches Phänomen im Leben der Menschen weit häufiger anzutreffen ist.«[36]

Der Psychologe und Erziehungsberater Rudolf Dreikurs hat versucht, die Überlegungen Adlers auf die Schule anzuwenden.[37] Er geht wie Adler davon aus, dass Verhalten zweckmäßig oder zielgerichtet ist. Also muss es darum gehen, Ziele zu verändern, nicht Mängel zu beheben. Es geht nicht darum, Ursachen zu begreifen, sondern die Absicht. Verhalten erweist sich als sinnvoll, wenn wir seine Absicht verstehen. Das Ziel des Verhaltens ist seine Ursache! Wenn das Kind störende Mittel einsetzt, um Bedeutung zu erlangen, dann hat es nicht die richtigen Vorstellungen davon entwickelt, wie es seinen Platz finden kann. Falsche Annahmen lassen ein »private Logik« entstehen. Der geschulte Erzieher muss dem Kind helfen, sich selbst, seine »private Logik« und seine Ziele zu verstehen. Dreikurs nennt vier Ziele störenden, unerwünschten Verhaltens:

Das erste (aktiv-konstruktive) Ziel ist: *Aufmerksamkeit erreichen!* Das Kind will immer der Beste sein, immer zeigen: »Schau, wie gut ich bin!« Meistens hört das Kind auf unser Maßregeln hin mit der Störung auf. Man kann das Kind fragen: »Könnte es sein, dass du möchtest, das ich mich mehr mit dir beschäftige?« »Möchtest du im Mittelpunkt der Gruppe stehen?«

36 Alfred Adler (1870 Rudolfsheim b. Wien – 1937 Aberdeen, Begründer der Individualpsychologie): Kindererziehung (1930), Frankfurt/M. 1976, 67 f.
37 Rudolf Dreikurs, Bernice Grunwald und Floy C. Pepper, Lehrer und Schüler lösen Disziplinprobleme, Weinheim 1987. R. Dreikurs, 1897 Wien – 1972 Chicago, lehrte an mehreren amerikanischen Universitäten Individualpsychologie.

Das Ziel des Kindes lässt sich ändern, indem man positives Verhalten bestärkt und negatives ignoriert. Wenn wir den Unterricht wegen des Störens unterbrechen müssen, können wir kurz warten, das entsprechende Kind nicht anblicken; wenn die Störung aufhört, ihm zunicken und kurz »danke« sagen. Die Aufmerksamkeit, die das Kind sucht, kann es durch sinnvolle Beschäftigungen, wie Tafel reinigen, Blumen gießen etc., erreichen.

Das zweite (aktiv-destruktive) Ziel ist: *Macht, Überlegenheit erlangen!* Das Kind erscheint als eine Nervensäge: frech, trotzig, tölpelhaft und tyrannisch. Wir sollten einen Machtkampf vermeiden. In einem Machtkampf ist kein Sieg möglich. Das Kind argumentiert, schreit, weint und ist ungehorsam. Wir fühlen uns bedroht und in unserer Stellung herausgefordert. Man fühlt sich genötigt, das Kind zu etwas zwingen zu wollen. Das Kind fährt mit störendem Verhalten trotz Maßregelung fort und verstärkt es eventuell sogar. Man kann das Kind fragen: »Könnte es sein, dass du der Boss, der King sein willst?« »Willst du mir zeigen, dass ich dich nicht zwingen kann?« Um eine Zieländerung einzuleiten, sollten wir laut Dreikurs die Grundregel beherzigen: Vermeide einen Machtkampf! »Wenn du mir zeigen willst, dass ich dich nicht zwingen kann, dann muss ich sagen, du hast Recht, ich kann dich nicht zwingen.« Das ist eine unerwartete Reaktion und zeigt dem Kind: Die Autorität lässt sich nicht herausfordern. Bei weiterer Störung könnte wir sagen: »Ich möchte unterrichten, du möchtest summen. Du kannst wählen, ob du auf deinem Platz bleiben möchtest, ohne zu stören, oder ob du dich hinten in die Ecke setzen willst, wo wir dich nicht stören. Du kannst auf deinen Platz zurückkehren, wenn du unsere Unterrichtsregeln einhältst.« Das Unerwartete tun bedeutet: Der Lehrer muss darauf achten, wie er am liebsten spontan reagieren würde, und dann genau das Gegenteil davon tun. Das bewirkt Verunsicherung und ermöglicht beim Kind (eventuell!) eine Verhaltensänderung.

Das dritte (passiv-konstruktive) Ziel ist: *Rache, Vergeltung üben!* Hier haben wir es mit einer Klette zu tun. Das Kind benutzt seinen Charme und seine Hilflosigkeit, um andere in seinen Dienst zu stellen. Das Kind stört nicht direkt, aber verlangt Unangemessenes mit treuem Augenaufschlag. Das Kind fühlt sich häufig unfair behandelt. Es bekritzelt Hefte, schlägt und tritt, beschimpft und beleidigt andere, auch mit übelsten Ausdrücken. Das Kind davon überzeugt, dass niemand es mag. Es provoziert, um dafür den Beweis zu bekommen. Wir fühlen uns durch das Kind besiegt und verletzt. Man würde das Kind »am liebsten umbringen«. Das Kind wird auf Maßnahmen hin wütend und beleidigend. Man kann das Kind fragen: »Könnte es sein, dass du mir zeigen willst, wie man sich fühlt, wenn man so behandelt wird?« »Möchtest du, dass ich mir schlecht und böse vorkomme?« Um eine Zieländerung einzuleiten, müssen wir mit dem Kind über eine Reihe von Situationen sprechen, in denen es andere provoziert hat. Vielleicht liegt zu Hause eine Trennung in der Luft oder ein neugeborenes Geschwisterchen macht dem Kind seinen ersten Platz streitig. Wir müssen dem Kind zeigen, dass es viele gute Seiten hat, die es übersieht und selten nutzt, um sich liebenswert zu machen. Man kann ein Experiment vorschlagen: Für einen bestimmten Zeitraum provozierst du nicht! Dann kann es überprüfen, ob es andere mögen oder nicht. Der Lehrer muss sich selbst jeder Form von Rache enthalten.

Das vierte (passiv-destruktive) Ziel ist: *Unfähigkeit zur Schau stellen!* Das Kind erscheint träge, faul, schüchtern und unordentlich. Es lässt sich gehen. Es verweigert jede konstruktive Handlung. Sein Verhalten resultiert aus erfolglosen Versuchen, Bedeutung zu erlangen. Jetzt sagt es innerlich: Lass mich in Ruhe! Wir möchten mit den Schultern zucken und sagen: Ich geb's auf. Das Kind sitzt einfach nur da und tut nichts. Man kann das Kind fragen: »Könnte es sein, dass du in Ruhe gelassen werden willst, weil du nichts kannst?« »Möchtest du, dass ich aufhöre, dich zu bitten, es zu tun?« Eine Zieländerung können wir einleiten, indem wir dem Kind helfen zu sehen, dass es ohne Versuch nie seine wahren Fähigkeiten kennenlernen wird. Wir können dem Kind Aufgaben geben, die es erfüllen kann. Wenn es die Aufgaben zu lösen versucht, dann würde ihm vielleicht eine Hilfestellung von Mitschülern gut tun.

Als Generallinie schlägt Dreikurs vor, Lob und Tadel, Belohnung und Strafe durch Ermutigung und Konsequenz abzulösen. Seine These ist: »Ein ungezogenes Kind ist immer ein entmutigtes Kind!«[38]

---

38 Rudolf Dreikurs und Vicki Soltz, Kinder fordern uns heraus, Stuttgart 1999, 45.

Wenn wir eingangs bemerkten, es sei halb falsch und halb richtig zu sagen: »Der will ja *nur* Aufmerksamkeit«, wenn ein Kind im Unterricht den Kasper macht, dann heißt das natürlich nicht, dass es unsere Aufgabe sein kann, den Hunger nach Aufmerksamkeit zu stillen. Aber wenn wir erkennen, dass ein Kind, dass dauernd Aufmerksamkeit will, ein unglückliches Kind ist,[39] dann sind wir möglicherweise etwas weniger genervt und kreativer und können ihm hin und wieder eine gute Bühne bereitstellen und einen befriedigenden Auftritt zulassen: »Wenn es dir gelingt, bis zum Ende der Stunde wie alle anderen mitzuarbeiten, darfst du uns mit der Kasperlpuppe in der Hand einen Witz erzählen!«

Helm Stierlin – Oder:
Welchen Beziehungsmodus hätten Sie gern?

Sie sitzen alle vor uns:

– Schüchterne, ängstliche Schüler, die man kaum versteht, wenn sie leise sprechen, bei denen man sich wünscht, dass sie manchmal ausbrechen aus ihrem Schneckenhaus. Sie sind freundlich und angepasst zum Lehrer, haben aber zu anderen Klassenkameraden keinen Kontakt.

– Schüler, bei denen man immer wieder das Gefühl hat, dass man sie dumm angemacht hat, wenn man ihnen eine Aufgabe gibt. Ist man freundlich zu ihnen, geben sie einem den Eindruck, man würde ihnen gerade auf den Füssen stehen.

– Schüler, die wirken wie die Angestellten ihrer Eltern, die jeden Auftrag auch des Lehrers bereitwillig übernehmen und gut und gern ausführen. Die man immer einsetzen kann, wenn Kreide zu holen ist, ein Overheadprojektor angeschlossen werden soll oder die Blumen zu gießen sind.

– Schüler, die im Umgang mit Lehrern angepasst sind, aber mit ihren Klassenkameraden immer wieder irgendwelche Händel anfangen: ihnen den Radiergummi wegnehmen, ein Papierchen an den Hinterkopf schnipsen oder die kippelnden Nachbarn

---

39 Vgl. ebd. 156.

mitsamt dem Stuhl umreißen. Wenn es dann aber um eine Partnerarbeit geht, verweigern sie die Zusammenarbeit.

Wen haben wir da eigentlich vor uns sitzen? Kann da nicht ein wenig Licht ins Dunkel kommen?

Helm Stierlin hat in seiner familientherapeutischen Arbeit den Blick weggewendet von der Zuschreibung bestimmter Symptome auf Personen und hingewendet auf die Interaktionen im Familiensystem. Ein Symptom wäre dann weniger Ausdruck für ein persönliches Defizit als vielmehr ein Hinweis auf eine fehlgeleitete oder besser gesagt spezifische Interaktionen in der Familie. Stierlin untersuchte vor allem Familien von Ausreißern; um die Ergebnisse seiner Beobachtungen deutlich zu machen, bezog er sich auf das »Gleichnis vom verlorenen Sohn«:

Als der verlorene Sohn nach Hause zurückkam, sprach er zu seinem Vater: »... Vater, ich habe gesündigt gegen den Himmel und vor dir; ich bin hinfort nicht mehr wert, dass ich dein Sohn heiße.« Aber der Vater sprach zu seinen Knechten: »Bringet das beste Kleid hervor und tut es ihm an und gebet ihm einen Fingerreif an seine Hand und Schuhe an seine Füße, und bringet ein gemästetes Kalb her und schlachtet's; lasset uns essen und fröhlich sein! *Denn dieser mein Sohn war tot und ist wieder lebendig geworden; er war verloren und ist gefunden worden.*« Da wurde der ältere Sohn zornig und beklagte sich bei seinem Vater. »Siehe, so viele Jahre diene ich dir und habe dein Gebot noch nie übertreten; und du hast mir nie einen Bock gegeben, dass ich mit meinen Freunden fröhlich wäre. Nun aber dieser Sohn gekommen ist, der dein Gut mit Huren verschlungen hat, hast du ihm ein gemästetes Kalb geschlachtet.« Er aber sprach zu ihm: »Mein Sohn, du bist allezeit bei mir, und alles, was mein ist, das ist dein. Du solltest aber fröhlich und guten Muts sein; denn dieser dein Bruder war tot und ist wieder lebendig geworden; er war verloren und ist wieder gefunden worden.« (Lk 15,21–24 und 29–32; Kursivierung H.S.)[40]

Stierlin fragt, ob die Versöhnung des Vaters mit dem verlorenen Sohn nicht auch ein Ausdruck dafür ist, dass der Sohn die geheimen Wünsche des Vaters ausgelebt hat. Stierlin geht sogar

---

40 Helm Stierlin (*1926 Mannheim, promovierter Philosoph und Arzt, Psychoanalyse bei Fritz Riemann, Begründer der Heidelberger systemischen Familientherapie): Eltern und Kinder. Das Drama von Trennung und Versöhnung im Jugendalter, Frankfurt/M. 1980, 8.

noch weiter und fragt, ob das Verhalten des Sohnes nicht sogar unterschwellig vom Vater beauftragt, delegiert war. Diese Beauftragung käme dann einem von drei *Beziehungsmodi* gleich, die Stierlin häufig während der Zeit der Ablösung der Kinder von den Eltern vorfindet: Delegation, Bindung und Ausstoßung.

Die Entwicklung des Jugendlichen im Lichte des *Delegationsmodus* erscheint als weniger erdrückend als in den beiden anderen Modi. Der Jugendliche bekommt viele Impulse aus dem Elternhaus, jedoch bedeutet Delegation oft eine Überforderung. Delegiert wäre ein Jugendlicher beispielsweise dann, wenn ein mittelmäßig begabtes Kind der akademische, künstlerische oder sportliche Superstar werden soll. Um seine delegierten Aufgaben zu erfüllen, muss er sich in die Gruppe der Gleichaltrigen hineinbegeben; das gibt ihm bei aller Problematik die Chance, sich vom Elternhaus zu lösen. Dennoch wird die Erfüllung der delegierten Aufgaben innerhalb der Familie die Konflikte intensivieren, wenn z.B. ein Jugendlicher im Auftrag der Eltern schulisch/beruflich sehr erfolgreich ist und die Eltern überflügelt. Dieser Machtzuwachs kann bei ihm paradoxer Weise Angst- und Schuldgefühle auslösen. Aber auch wenn die Konflikte große Schwierigkeiten bereiten, schätzt Stierlin die Chancen für eine selbstständige Entwicklung delegierter Jugendlicher recht günstig ein.[41]

Die Entwicklung des Jugendlichen im Licht des *Bindungsmodus* hat zur Folge, dass die Beziehungen zu Gleichaltrigen zugunsten der Beziehung zu den Eltern zurückgenommen werden oder erst gar nicht an Bedeutung gewinnen. Gründe hierfür liegen einmal in der Verwöhnung durch die Eltern, weshalb Gleichaltrige dann oft enttäuschend sind, wenn sie nicht auf die regressiven Wünsche gebundener Jugendlicher eingehen oder diese gar noch verspotten. Weiterhin bedeutet die Auseinandersetzung mit Gleichaltrigen einen Kulturschock, weil der Bindungsmodus nicht erlaubt, Konflikte offen auszutragen. Gebundene Jugendliche sind verunsichernden Umdeutungen durch die Eltern ausgesetzt. Ihre Selbstständigkeit wird torpediert. »Mein Sohn, das Mädchen, für das du dich da interessierst, steht doch

---

41   Ebd., 131.

weit unter dir. Es ist wirklich ein dummes Ding. Ich weiß absolut nicht, was du an der finden kannst.« Solche Aussagen stören die eigene Selbstwahrnehmung. Die im Bindungsmodus erzeugten Annahmen über zwischenmenschliche Beziehungen passen nicht zu der Realität, die ihnen mit den Gleichaltrigen begegnet. Das Verbleiben in der Familie oder die Rückkehr zu ihr intensiviert die jugendlichen Konflikte, die jedoch im Bindungsmodus stark verschleiert werden.

Konfliktlösungen liegen möglicherweise in einer dramatischen Ausstoßung, das Gefühl der Ausweglosigkeit bringt ein explosives Moment hervor, das dann zur radikalen Trennung von der Familie führt, was neue, wenn auch schwierige Entwicklungschancen beinhaltet. Aber auch das Verbleiben in der Familie kann Entwicklungsmöglichkeiten beinhalten, sofern nämlich der Jugendliche mit seinen Eltern zu kämpfen beginnt. Eine dauerhafte Infantilisierung verbunden mit der Betäubung der inneren Spannungen (z.B. in Form Sucht) und der Rückzug in eine Phantasiewelt lassen die Chancen auf eine selbstständige Entwicklung sinken.[42]

Die Entwicklung des Jugendlichen im Lichte des *Ausstoßungsmodus* kann von hasserfüllten und verletzenden Konflikten begleitet sein, obwohl die Beziehung zu den Eltern nur oberflächlich und von reduzierter Bedeutung ist. Dem Jugendlichen fehlt die Möglichkeit, sich mittels der Bearbeitung von Konflikten in der Beziehung zu seinen Eltern, und was noch wichtiger ist, durch die Erfahrung von liebevoller und besorgter Intimität, zu entwickeln. »Das bedeutet, dass ihm all die Eigenschaften und Fähigkeiten abgehen werden, die von liebevollen und intimen, wenn auch konfliktgeladenen Beziehungen leben.«[43]

Entsprechend fehlt es an Fähigkeiten, subtil unterscheiden zu können, empathiefähig zu sein, geduldige Beziehungsarbeit zu leisten. Libidinöse und aggressive Triebwünsche brechen bei ausgestoßenen Jugendlichen abrupt und überraschend durch. Sie erscheinen brutal und kaltherzig. Ein pervertierter Gebrauch der Vernunft lässt sich feststellen, die kognitive Fähigkeit beruht – darin oft den gebundenen Jugendlichen ähnlich – in »manipu-

42 Ebd., 127ff.
43 Ebd., 136f.

lierender Gerissenheit«, deren Ziel es ist Distanz herzustellen, Unabhängigkeit zu sichern und/oder den anderen unterzukriegen.[44] Ein ausgestoßener Heranwachsender »hat erfahren, was es heißt, in einem menschlichen Dschungel zu leben, wo die Beziehungen nur oberflächlich und von gegenseitiger Ausbeutung geprägt sind. Wenn er sich also früh von seinem Zuhause wegbegibt und leicht in die Peer-Gruppe hineinfindet, trägt er seine Weltanschauung und einen Lebensstil mit sich, der zwar sicher vielen nicht gefällt, aber der einzige ist, den er kennt.«[45]

Gibt es jenseits dieser drei konfliktträchtigen Beziehungsmodi auch die Möglichkeit, einen Beziehungsmodus zu finden, der weniger problembeladen ist? Wie können die Lehrer mit den Schülern umgehen, die in einem der genannten Beziehungsmodi verwickelt sind?

Zwei Zauberworte gibt uns Stierlin mit auf den Weg, die ein gutes Licht auf die Konflikte werfen:

– Bezogene Individuation
– Negative oder positive Gegenseitigkeit

Bezogene Individuation[46] ist nach Stierlin eine Wechselwirkung, nach der ein höheres Niveau an Individuation auch ein jeweils höheres Niveau an Bezogenheit verlangt und ermöglicht. Stierlin versteht dies als Versöhnungsaufgabe. Der Vater, der den verlorenen (»delegierten«) Sohn wieder aufnimmt und ein Fest bereitet, leistet eine Versöhnungsarbeit, die die geschehene Individuation des Sohnes ernst nimmt und neu Beziehung stiftet. In Beziehung zu aggressiven oder ablehnenden (»ausgestoßenen«) Kindern kann das heißen, es als Lehrer mit ihnen einfach erst einmal auszuhalten. Vielleicht bekommt man dann irgendwann auch eine bedeutende Rückmeldung, wie ich sie von einem »schwierigen« Jungen aus Afghanistan bekam: »Herr Kutting, mit Ihnen das Rumgelabere. ... Ich rede mit Ihnen über Sachen, über die rede ich sonst mit niemand!« Bei den überangepassten (»gebundenen«) Kindern könnte bezogene Individuation heißen, ihre kleinen Abgrenzungsversuche wahrzunehmen und vorsichtig zu

---

44 Ebd., 137f.
45 Ebd., 139.
46 Fritz B. Simon, Ulrich Simon, Helm Stierlin, Die Sprache der Familientherapie. Ein Vokabular, Stuttgart 1999, 143 f.

unterstützen. Also gerade nicht auf deren zaghafte Aggressionen mit dem Satz zu reagieren: »Das hätte ich von dir nicht erwartet!«

Von der negativen zur positiven Gegenseitigkeit.[47] Negative Gegenseitigkeit ist durch einen Mangel an Bewegung, einem Mangel an wirklichem Dialog und vor allem durch gegenseitige Abwertung charakterisiert. Die Beziehung in negativer Gegenseitigkeit erstarrt oder es kommt in ihr irgendwann zu einem Knall, zu einer Eskalation. Das entscheidende Moment jeder positiven Gegenseitigkeit ist demgegenüber die Bewegung in der Beziehung. Diese Bewegung geschieht als gegenseitiges Anerkennen: Ich bestätige mich im anderen. Der andere wird in mir bestätigt. Es kann die Erfahrung gemacht werden, dass ich mich, mich selbst verlierend, im anderen gewinne. Positive Gegenseitigkeit muss aber auch Konfrontation der Partner erlauben. In der Schule lässt sich das nur zu leicht nachvollziehen. Wie ich in den Wald hineinrufe, so schallt es heraus. Wie ich die Welt anblicke, so schaut sie zurück. Eine Situation ändert sich sofort, wenn ich beginne eben nicht mehr die Löcher im Käse zu sehen, sondern den Käse. Wenn ich nicht sage: »Hanna, stier nicht die ganze Zeit zum Fenster heraus!« Sondern: »Komm, Hanna, mach mit!« Wie oft ist unser Lehrerblick defizitorientiert statt ressourcenorientiert! Bei einem Blick für positive Gegenseitigkeit fallen Sätze wie: »Lasst uns mal schauen, was ihr in der Zwischenzeit alles schon zu diesem Thema herausbekommen habt!« Oder: »Zeichnet eine Pyramide! Unten in die Basis hinein schreibt ihr, was ihr am besten könnt, oben hinein kommt das, wobei ihr noch ein bisschen was tun müsst oder Hilfe brauchen könnt!« »So, Kinder, heute müsst ihr eure Blitzmerker-Hirne einschalten, es wird schwierig, ich bin gespannt, ob ihr das schafft!«[48]

Zu Beginn dieses Beitrags warfen wir den Blick darauf, wie die Schüler vor uns sitzen. Schüchtern, angepasst, ängstlich, aggressiv, ablehnend ... Junges Obst, unreifes Gemüse? In der Regel hätten wir das gern, dass unsere Schüler Obst und Gemüse sind, einheitlich, »gut zu ziehen«, wenig differenziert und unauffällig. Auch mein Wahlspruch ist: Wer aus der Reihe tanzen will,

47 Ebd., 115.
48 Vgl. Hans-Peter Nolting, Störungen in der Schulklasse. Ein Leitfaden zur Vorbeugung und Konfliktlösung, Weinheim und Basel 2002.

muss erst einmal in einer gestanden haben. Wer traditionelle Zöpfe abschneiden will, darf nicht von vornherein mit kahlrasiertem Schädel herumlaufen. Aber klar ist dennoch, selbst wenn, oder gerade wenn wir in unseren Schulen z.B. Schuluniformen einführten, wir hätten kein junges Obst oder unreifes Gemüse vor uns, sondern immer: Radieschen, Äpfelchen, Birnchen, Böhnchen, Pfläumchen, Schalottchen ... – buntes quicklebendiges Allerlei, das jedes seine besondere Wahrnehmung verlangt. Also, nicht vergessen, kein Obstsalat ohne bezogene Individuation – und keine Gemüsesuppe ohne positive Gegenseitigkeit! Viel Spaß bei der Zubereitung und guten Appetit!

4. Steuerung durch Religion

Wegzehrung: Milch und Honig – Brot und Wein

Gott offenbart sich dem Mose als ein Gott, der das Elend seines Volkes gesehen und ihr Leiden erkannt hat: »Und ich bin herniedergefahren, dass ich sie errette aus der Ägypter Hand und sie herausführe aus diesem Land in ein gutes und weites Land, in ein Land, darin Milch und Honig fließt ...« (2 Mose 3,8)

Wäre Mose Xavier Naidoo, würde er die Botschaft seinem Volk mitteilen: »Er will uns erretten aus der Hand und uns führen in ein Land, darin Milch und Honig fließt und du dein Leben frei genießt ...« – Aber darum geht es jetzt nicht. Erich Fromm schreibt:

Die Bejahung des Lebens des Kindes hat zwei Aspekte: der eine besteht in der Fürsorge und dem Verantwortungsgefühl, die zur Erhaltung und Entfaltung des Lebens des Kindes unbedingt notwendig sind. Der andere Aspekt geht über die bloße Lebenserhaltung hinaus. Es ist die Haltung, die dem Kind jene Liebe zum Leben vermittelt, die ihm das Gefühl gibt: Es ist gut zu leben, es ist gut ein kleiner Junge oder ein kleines Mädchen zu sein, es ist gut auf der Welt zu sein! ... Das gelobte Land (Land ist stets ein Muttersymbol) wird beschrieben als ein ›Land, wo Milch und Honig fließen‹. Die Milch ist das Symbol des ersten Aspekts der Liebe, dem der Fürsorge und Bestätigung. Der Honig symbolisiert die Süßigkeit des Lebens, die Liebe zum Leben und das Glück zu leben. Die meisten Mensch sind fähig, ›Milch‹ zu geben, aber nur eine Minderzahl unter ihnen kann auch ›Honig‹ spenden. Um Honig spenden zu können, muß die Mutter nicht nur eine ›gute Mutter‹ sein, sie muß auch ein glücklicher Mensch sein ...[49]

Wenn wir wie V. Frankl davon ausgehen, dass Vater und Mutter biographisch das Erste, aber Gott ontologisch der Erste ist, dann ist nicht der Vater bzw. die Mutter das Urbild aller Göttlichkeit, sondern Gott das Urbild aller Vater- und Mutterhaftigkeit. Milch und Honig sind dann Erziehungsmittel im Bildungsprogramm Gottes mit den Menschen – nicht das Fleisch und Brot Ägyptens (Ex. 16,3).

Der Auszug aus der Knechtschaft Ägyptens führt in die Kindschaft Gottes. Daraus könnten wir religionspädagogisch schon einmal mitnehmen: In unserem Leben mögen manche Steine im Weg liegen, geht es manchmal auch durch Wüsten, es gibt aber auch Glück, Freude und Genuss. Wenn wir den Weg Gottes mit den Menschen mitgehen, dürfen wir glücklich sein.

Vielleicht hilft es den Kindern, mit denen wir es zu tun haben, wenn uns unsere Arbeit (ich möchte ein in Verruf geratenes Wort benutzen) Spaß macht! Vielleicht erfahren sie dann etwas vom Evangelium! Aber führt der Erziehungsweg Gottes nicht noch weiter? Erkennen wir nicht in Brot und Wein sein Erlösungshandeln? Was ist das für ein Weg? Führt der christliche Weg irgendwie doch wieder eher zurück nach Ägypten zu »Fleisch und Brot«? Wo ist vorn?

Sonderbar: Ist im christlichen Glauben aus dem mütterlichen Gott, der mit Milch und Honig großzieht, ein väterlicher Gott geworden, der uns mit Brot und Wein neues Leben schenkt?

Zunächst lässt sich schon einmal festhalten, dass auch Brot und Wein die zwei Aspekte Lebenserhaltung und Lebensglück symbolisieren. Wir dürfen also im Gedanken an Brot und Wein in unserem Erziehungshandeln, neben der Vermittlung von Kenntnissen und Fertigkeiten (»Brot«) nicht den Blick aufs Ganze der Seligkeit (»Wein«) verlieren. Kunstfertigkeit und Seelsorge helfen beide im Bildungsprogramm Gottes. In Brot und Wein sehen wir nicht nur das Wohl der Fertigkeit und das Heil der Glückseligkeit, sondern auch Leib und Blut Christi, Gottes erlösendes Handeln an uns.

---

49   Erich Fromm (1900 Frankfurt/M. – 1980 Locarno): Die Kunst des Liebens, Stuttgart 1980, 60f.

Eine Schülerin fragte einmal: »Essen und trinken wir dann nicht im Abendmahl Gott?« Was erlauben wir uns da? Oder sollten wir besser sagen, was erlaubt uns Gott da?

– Er erlaubt uns (psychologisch gesprochen) die größte Regression, damit wir erwachsen werden und handelnd leben können. Er lässt sich von uns kindlich aggressiv einverleiben, damit wir gestärkt und tatkräftig unser Leben bewältigen.
– Er gibt uns (theologisch gesprochen) Anteil an seinem Leben, damit wir unser Leben jetzt leben können in der Gewissheit, dass dieses Leben bei Gott Anerkennung findet und Bestand hat.
– Er gibt uns (pädagogisch gesprochen) Anteil an seiner Liebe, damit wir den Kindern, mit denen wir es zu tun haben, Lust machen können auf ein Leben, das Aufgaben für sie bereit hält, die sie in Liebe erfüllen können.

Eine letzte Frage noch zu Milch und Honig – Brot und Wein: Darf man sagen, dass das Judentum im Christentum erwachsen geworden ist? Wenn wir das Judentum als unsere Wurzel sehen, sind wir wohl aus ihm erwachsen. Man darf das dann vielleicht schon sagen, wenn man nicht vergisst, dass der Messias Jesus sagt: »Wer nicht das Reich Gottes annimmt wie ein Kind, der wird nicht hineinkommen.« (Lk 18,17)

Martin Luther – Oder:
Das stinkt ja zum Himmel

Wer es mit Kindern zu tun hat, fragt sich manchmal oder oft, warum sie so viel Mist machen müssen. Luther, für den ein Wäsche waschender Vater Gottesdienst tut, stellt sich diese Frage sehr konkret. Er erfährt, wie es ist, wenn man ein Kleinkind liebevoll auf den Arm nimmt und dabei feststellen muss, dass es erbärmlich stinkt und man ihm schleunigst die Windeln wechseln muss. Man hat es deswegen nicht weniger lieb, aber muss Abhilfe schaffen. Luther vergleicht den Gestank der Kleinkinder mit den Sünden der Erwachsenen, die Gott vergeben muss. Dieser Gedanke zeigt, wie wenig Luther Sünde in moralischem Sinne als aktive Tathandlung versteht, sondern als anthropologische Bedingung des Menschseins von Anfang an. Genauso wie wir unsere Kindern nicht weniger lieben, nur weil sie ihre Windeln voll haben, will Gott an seiner Liebe zu uns, seinen Kindern, festhalten, auch wenn von Beginn an am Ende hinten nichts Duftendes herauskommt. Die Liebe der Eltern, wie die Liebe Gottes, ist und bleibt unverdient und hält so manches aus.

Seinen jüngsten Sohn auf dem Arm, schäkert Luther mit ihm: »Wie hast du es verdient oder warum soll ich dich so lieb haben, dass ich dich zum Erben mache ...? Mit Scheißen, Pinkeln, Weinen? Mit Schreien? Mit dem du das ganze Haus erfüllst und meine Fürsorge forderst?« – »Ach, unser Herr Gott muss gar viel größeren Gestank erleiden von den Menschen als Väter und Mütter von ihren Kindern.«[50]

Und die Lehrerinnen von ihren Kollegen? Die Frikadellenbrötchen, die manche Kollegen mit Vorliebe im voll besetzen Lehrerzimmer in der Pause verzehren, sind mancher Kollegin kein Wohlgeruch in der Nase. Aber muss etwas wirklich stinken, um zu stinken? Es gibt nämlich Geruch und Gestank. Das eine kommt vom, sagen wir mal, Fleischkäsebrötchen, das anderen vom Stänkern. Deshalb ist es wichtig, die Gerüche zu unterscheiden: Stinkt es äußerlich oder innerlich?

Eine Kollegin hat wie schon öfter eine Gruppe mündlicher Abiturienten. Sie hat alles wie immer gut vorbereitet. Die Aufgabenstellung ist rechtzeitig fertig. Die Erwartungshorizonte sind gut und differenziert ausgearbeitet. Der Prüfungsvorsitzende und der Protokollant haben früh die Unterlagen bekommen.

Ein paar Tage vor dem mündlichen Abitur fängt es an zu stinken. Der Geruch kommt aus dem Fach der Kollegin. Da hinein hat ihr der Protokollant einen Fragebogen zu ihrer Prüfung hineingelegt. Er wünscht sich die Aufgaben präziser, die Erwartungen konkreter und die Beurteilungskriterien klarer formuliert.

Es stinkt der Kollegin gewaltig. Sie spürt ihr Herz rasen und auch eine paradoxe Intention im Sinne Viktor Frankls will

---

50 Diese Überlegungen und Luther-Zitate, die von mir in ein aktuelleres Deutsch übertragen wurden, verdanke ich: Birgit Stolt, Martin Luthers Rhetorik des Herzens, Tübingen 2000, 175 ff.

ihr nicht helfen: »Herz, schlage schneller! Schaffst du nicht 190 Schläge pro Minute?« Das Herz schlägt schneller, sie wird wütender, weil zum Zorn auf den Kollegen noch der Misserfolg der Selbstsuggestion hinzukommt.

Also bespricht sie sich mit Kollegen, auch wenn diese heute in der Pause Spießbratenbrötchen verspeisen: »Muss ich mir das gefallen lassen? Der weiß doch, wie Prüfungen funktionieren! Will der mich fertig machen? Wenn ich mich über den unverschämten Brief beschwere, dann bekomme ich doch nur gesagt: Warum regen Sie sich auf, man wird ja wohl noch sachlich miteinander umgehen können und ein paar Fragen stellen dürfen? – Was kann ich nur tun? Was sagt ihr?«

Es kommen eine Reihe an Vorschlägen von »Ignorier es!« bis »Tu ihm halt den Gefallen und schreib pro forma ein paar Zeilen!« Bei ihr kommen die Vorschläge an zwischen: »Würde ich gern, geht aber nicht!« und: »Unmöglich!« So geht das eine Weile, bis Andreas sagt: »Der hat wahrscheinlich selbst Angst vor dem Protokoll und will alles perfekt machen.«

Die Kollegin fällt in eine kurze Trance, bittet um ein sauberes Blatt Papier und fängt an zu schreiben:

Lieber Herr Kollege!

Ich bin wie immer etwas aufgeregt wegen der Abiturprüfungen, aber ich bin mir sicher, dass ich es mit Ihrer Unterstützung hinbekomme. Gemeinsam schaukeln wir das Kind schon!

Mit herzlichen Grüßen Ihre ...

Ohne weitere Präzisierungen, Konkretionen und Erklärungen legt sie den Brief in sein Fach. Ihr geht es damit gut. Gespannt ist sie auf den nächsten Tag und die Reaktion des Protokollanten. Wenn Andreas Recht haben sollte, dann würde diese paradoxe Intention (Ist das überhaupt eine?) vielleicht den Gestank vertreiben. Und wenn es nicht helfen würde? Dann hätte sie immer noch gewonnen, denn wenn er sich über »ihren unverschämten Brief« beschweren würde, könnte sie sagen: »Was haben Sie? Der Brief war nur nett gemeint!«

Sie möchten wissen, wie diese Geschichte ausging? Der Kollege kam am nächsten Tag sehr freundlich zu unserer Kollegin, sie besprachen ein paar prüfungsrelevante Dinge; immer wenn

Worte wie »präziser, konkreter, klarer« fielen, atmete sie tief durch und sagte sich: »Lass es vorbeiziehen. Er kann nichts dafür, er muss stänkern. Der Herrgott wird zwar auch ihn riechen können, aber ich muss seinen Gestank nicht an mich heranlassen.« Die gemeinsame Prüfung verlief zu beider Zufriedenheit. Und wenn sie nicht gestorben sind, dann prüfen sie noch heute. Und die Kollegen stinken noch immer mit Frikadellen-, Fleischkäse- und Bratenbrötchen.

Und Luther? Können wir den werdenden Lutherfreunden noch etwas bieten? Was können wir mit Luther z.B. sagen, wenn unsere Prüfer und Brötchenesser doch sterben müssen? Für Luther, für den selbst ein Vater in Anbetracht einer stinkenden Windel ein Gleichnis für Gottes Gnadenwillen abgibt, für den kann auch der schmerzhafte Geburtsvorgang ein Gleichnis für den Weg vom Tod zum Leben werden. Das sei uns allen zum Trost gesagt:

Wenn so jedermann Abschied auf Erden gegeben ist, dann soll man sich allein zu Gott richten, wohin der Weg des Sterbens sich auch kehrt und führt.

Und hier beginnt die enge Pforte, der schmale Steig zum Leben. Darauf muss sich ein jeder getrost gefasst machen. Denn er ist wohl sehr eng aber nicht lang.

Und es geht hier zu, wie wenn ein Kind aus der kleinen Wohnung in seiner Mutter Leib mit Gefahr und Ängsten geboren wird in diesen weiten Himmel und Erde, das ist unsere Welt; ebenso geht der Mensch durch die enge Pforte des Todes aus diesem Leben.

Und obwohl der Himmel und die Welt, darin wir jetzt leben, als groß und weit angesehen werden, so ist es doch alles gegen den zukünftigen Himmel viel enger und kleiner, wie es der Mutter Leib gegen diesen Himmel ist.

Aber der enge Gang des Todes macht, dass uns dies Leben weit und jenes eng dünkt. Darum muss man das glauben und an der leiblichen Geburt eines Kindes lernen, wie Christus sagt: »Ein Weib, wenn es gebiert, so leidet es Angst. Wenn sie aber genesen ist, so gedenkt sie der Angst nimmer, dieweil ein Mensch geboren ist von ihr in der Welt.« (Joh 16,21) So muss man sich auch im Sterben auf die Angst gefasst machen und wissen, dass danach ein großer Raum und Freude sein wird.[51]

---

51 Martin Luther (1483 Eisleben – 1546 Eisleben): Ein Sermon von der Bereitung zum Sterben, 1519, WA 2, 685f.

Sören Kierkegaard – Oder:
Ich wurde ein Hörer

»Wer mit 16 kein Kommunist ist, hat kein Herz, wer mit 60 noch Kommunist ist, hat keinen Verstand.« Im Film »Die fetten Jahre sind vorbei« belegt der gekidnappte Hardenberg die Richtigkeit dieser Weisheit. Er hat seine revolutionäre Zeit hinter sich und sieht die Wirklichkeit jetzt realistisch. Mit drei Millionen Euro Jahreseinkommen im Rücken blickt er ohne Utopien nach vorn und verwaltet sein Leben unsentimental. Jan, Jule und Peter im Film kämpfen wie alle engagierten älteren Jugendlichen gegen das Klischee oder die Wahrheit des Spruchs. Sie wollen ihr Herz als kleinste Revolutionäre Zelle laut schlagen hören. Sie denken: »Wir lassen uns nicht korrumpieren, wir werden nicht alt, satt und träge!«

Mancher ältere, sattere und auch schon trägere Lehrer hat vielleicht zumindest noch Sympathie für »diese jungen Leute« und urteilt nicht all zu zynisch über »Attack« und andere Initiativen. Vielleicht können wir nicht nur Trauer über unsere vergangene Jugend, sondern auch Trauer über aus unserer heutigen Sicht überlebte Ideale empfinden. Manches ist uns peinlich. Hoffentlich erfahren unsere Schüler z. B. nie, dass wir (die Männer!) im Französisch-Unterricht strickten und über Svende Merians Buch »Der Tod eines Märchenprinzen« diskutierten.

Heute bin ich froh, dass mich damals die Eltern meiner damaligen Freundin trotz rot gefärbter Haare und trotz schwarz gefärbter Bundeswehrhose akzeptierten. Heimlich dankbar war ich damals schon, dass kein Lehrer über meinen dünnen Vollbart eine ironische Bemerkung machte. Wie sehr verwirrte mich, dass ein Professor zu meinem giftgrünen Strickpullover mit rotem Andreaskreuz sagte: »Da haben Sie aber einen schönen Pulli an!« Sollten uns heutige Studenten darum beneiden, dass wir, sobald es sommerlich wurde, auf dem Campus Softball-Tennis spielten, anstatt unsere Seminare zu besuchen? Vielleicht.

Soll man sich für die eigenen politischen und unpolitischen Jugendsünden schämen oder soll man sie lieber vergessen? Ich glaube, es gibt ein beredtes Schweigen, das die eigene Erinnerung, ohne sich schämen zu müssen, festhält und achtet und zugleich dem jugendlichen Gegenüber erfahrungsoffen bleibt.

Man kann das Weisheit nennen. Gerede jedenfalls ist es nicht. Gerede verhindert diese Art des Schweigens. Nach Martin Heidegger ist Gerede ein Sich-Verschließen. Gerede unterlässt es, auf dem Boden zu bleiben. »Man« verliert sich und sein Gegenüber und offenbart sein »entwurzeltes Daseinsverständnis«. Demgegenüber sieht Heidegger im Schweigen-Können den Ursprung der Sprache. Im Schweigen tritt eine Sammlung ein, in der sich das »Gefüge des Seienden« offenbaren kann und erst nachfolgend Sprache findet und beredt wird.[52] Wenn wir mit Jugendlichen und deren Erfahrungswelt in Kontakt treten wollen, müssen wir lernen zu schweigen. Wir müssen sie ins Gebet nehmen. Dies ist ganz wörtlich gemeint und gerade nicht so, wie wir das häufig als Pädagogen denken tun zu müssen, wenn wir jemanden ins Gebet nehmen und ihn zutexten. Jemanden ins Gebet nehmen heißt, dem Gegenüber zum Hörer zu werden, sein Innerstes wahrzunehmen und es mit ihm über dem »Abgrund des Daseins« auszuhalten. Bestenfalls können wir also Hörer werden. Gemeinsam werden wir offen für die »Stimme des Seins«, die uns und alles verbindet. Das Gebet lässt Kierkegaard zur Ruhe kommen und innehalten:

Als mein Gebet immer andächtiger und innerlicher wurde, da hatte ich immer weniger und weniger zu sagen. Zuletzt wurde ich ganz still. Ich wurde, was womöglich ein größerer Gegensatz zum Reden ist, ich wurde ein Hörer. Ich meinte erst Beten sei Reden. Ich lernte aber, dass Beten nicht nur Schweigen ist, sondern Hören. So ist es: Beten heißt nicht, sich selbst reden hören, beten heißt, still werden und still sein und warten, bis der Betende Gott hört.[53]

Still werden, warten können, hören lernen; hierin könnte die Grundlage aller Pädagogik stecken. Mir gehen einige Bilder im Kopf herum:

– Ich sehe als Lehrer einen Schüler im Anarcho-Look und erinnere mich an den Tag, als der erste Klassenkamerad zu meiner Schülerzeit einen »Atomkraft? Nein, danke!«-Sticker trug. Ich dachte, »Was für ein Idiot!« Kurze Zeit später war

52   Martin Heidegger, Sein und Zeit, Tübingen 1977, §§ 34+35.
53   Sören Kierkegaard (1813 Kopenhagen – 1855 Kopenhagen): zitiert nach K. Vopel und B. Wilde, Glaube und Selbsterfahrung im Vaterunser, Hamburg 1979, 5.

ich stolz auf meinen englischen Sticker mit der Aufschrift
»No Nukes!«
– Ich sehe eine Schülerin, die zum ersten Mal einen Hut trägt.
Als ich das erste Mal Cowboystiefel trug, dachte ich, jeder
würde nur auf meine Füße schauen. Ich sehe die mutige Tat
der Schülerin, und sage nicht: »Der Hut steht dir gut.«
– Ich sehe zwei Schülerinnen, die durch unangepasstes Äußeres
und unangepasste Äußerungen auffallen, und erinnere mich
daran, dass ich in einer Englisch-Lehrprobe den Referendar
ins Schlingern brachte mit der Aussage: »I don't like military
in general!« Damals war ich stolz darauf. Heute kann ich
mich über politisch provozierende Aussagen innerlich freuen,
auch wenn sie meinem Denken nicht mehr entsprechen, und
auf Zustimmung oder Ablehnung verzichten. Die Provokation
gehört den Schülern.

Wie würden sich aber auch unsere Beziehungen im Kollegium
verändern, wenn wir voreinander still werden, warten können
und hören lernen? Sicher sehr! Vielleicht können wir voreinander still werden, warten und hören lernen, wenn jeder mit seiner
Geschichte eins ist und frei wird für die Geschichten der anderen. Das ist aber schwer! Wir sind unvollkommen, ungeübt im
Hören und im Freigeben: »Du musst dich selbst herausfinden«,
würde der Lehrer Walt Whitman seinen Schülern und Kollegen
zurufen:

Heute vor Sonnenaufgang bestieg ich einen Hügel und betrachtete den
wimmelnden Himmel, und ich sprach zu meinem Geiste: Wenn wir alle
diese Weltalle umfasst haben und die Freude und das Wissen um jegli-
ches Ding auf ihnen, werden wir dann gefüllt und befriedigt sein? – Und
mein Geist sagte: Nein, wir steigen diese Höhe nur, um sie hinter uns zu
lassen und darüber hinaus zu steigen immer weiter. Also stellst auch du
mir Fragen, und ich höre dich, und antworte, dass ich nicht antworten
kann, – du musst dich selbst herausfinden. Setze dich eine Weile, teurer
Sohn, hier ist Zwieback zu essen und hier ist Milch zu trinken, doch so
wie du schläfst und dich in neuen Kleidern erquickest, küss ich dich mit
einem Abschiedskuss und öffne die Tür für deinen Austritt fort von hier.
Lange genug hast du verächtliche Träume geträumt, nun wasche ich dir die
Klebe von den Augen, du musst dich gewöhnen an das Blenden des Lichts
und an jeden Augenblick deines Lebens. Lange bist du furchtsam gewatet,
an eine Planke dich haltend dicht am Ufer, jetzt will ich, dass du ein tüchti-

ger Schwimmer werdest, abspringst mitten in die See, wieder auftauchst, mir zunickst, jauchzest und lachend das Wasser schüttelst aus deinem Haar.[54]

Und was will nun nach all dem unser Ausgangsspruch sagen: »Wer mit 16 kein Kommunist ist, hat kein Herz, wer mit 60 noch Kommunist ist, hat keinen Verstand«? In dem russischen Film »Kleine Vera«, der zur Zeit von Glasnost und Perestroika in Moskau entstand, liegt Vera mit ihrem Freund zusammen an einem Badesee. Ihr Freund fragt: »Was willst du?« Sie antwortet: »Du weißt doch, Aljuscha, wir wollen alle nur den Kommunismus!« Anschließend küsst sie ihn. Ist das politisch, zynisch oder ironisch? Oder ist Vera einfach bei sinnlichem Verstand und schüttelt lachend das Wasser aus ihrem Haar?

Augustinus und Thomas – Oder: Die Möglichkeit des Lehrens

Wir kennen die Rituale von Studientagen in Lehrerkollegien. Einige Kollegen wollen etwas verändern. Sie stimmen ein Thema im Kollegium ab, bereiten verschiedene Arbeitsgruppen vor und laden Referenten ein. Diese haben es nicht leicht, denn einige andere Kollegen wollen »*ihren* Unterricht« machen und nichts verändern. Es schleicht sich also schnell eine Gruppenregression ein (vgl. Winnicot). Aber auch ohne eine Regression wird sich eine Stimmung einschleichen, die in die Richtung geht: Was wollen die uns erzählen? Was soll uns das bringen? Mal schauen, ob es hilft?

Mit anderen Worten: Wir Lehrer sind keine guten Schüler. In Mainz würde man dazu sagen, »Da geht's de Mensche, wie de Leut'«!

Von Herbart würde man sein bekanntes Wort zitieren können: »Ein neunzigjähriger Dorfschulmeister hat die Erfahrung seines neunzigjährigen Schlendrians; er hat das Gefühl seiner langen Mühe; aber hat er auch die Kritik seiner Leistungen und seiner Methode?«[55]

---

54 Walt Whitman, Grashalme, Stuttgart 1968, 93 f.
55 Johann Friedrich Herbart, Allgemeine Pädagogik (1806), Hg. H. Holstein, Bochum o.J., 30 f.

Und von Jean Paul könnten wir sein Diktum über das Schulmeisterlein Wutz zum besten geben: »Wie war dein Leben und Sterben so sanft und meerstille, du vergnügtes Schulmeisterlein Wutz! Der stille laue Himmel eines Nachsommers ging nicht mit Gewölk, sondern mit Duft um dein Leben herum; deine Epochen waren die Schwankungen und dein Sterben war das Umlegen einer Lilie, deren Blätter auf stehende Blumen flattern – und schon außer dem Grabe schliefest du sanft!«[56] – Wobei mir auch Jean Pauls Aussage gefällt, dass Wutz schon in seiner Kindheit ein wenig kindisch war.

Ich muss gestehen, dass auch mich trotz bester Vorsätze bei Studientagen eine abwehrende Kindischheit überfällt und ich mich dabei erwische, bei Vorträgen wie viele meiner Kollegen zu denken: Theoretiker wissen, wie es geht, aber können es nicht. Praktiker können es, aber wissen nicht, warum. Warum sträuben sich nicht nur Schüler gegen das Lernen, sondern auch Lehrer? Die Frage lässt sich anhand Platons Höhlengleichnis beantworten. Die Tatsache der Lernunwilligkeit liegt in der Natur des Lehrens und Lernens.

In Platons Höhlengleichnis bekommen wir veranschaulicht, dass wir unseren jeweiligen Erkenntnisstand verabsolutieren. Unser je erreichtes Wissen halten wir für das non plus ultra und denken, dass darüber nichts kommen kann. Wir schauen nicht weiter, als es unser Wirklichkeitsverständnis hergibt. Das lehren uns die gefesselten Höhlenbewohner, die ihre Schattenwelt für die Wirklichkeit halten so wie wir unsere Daily Soap Opera. Jeder neuen Herausforderung, etwas hinzuzulernen, wird aus diesem Grunde Widerstand entgegengebracht. Wenn der jeweilige Erfahrungshorizont zwar begrenzt ist, jedoch natürlicherweise für absolut genommen wird, dann stellt jede Forderung zu lernen, etwas Absurdes dar. Der Wissende muss nicht Lernen, schon gar nicht Umlernen. – Deshalb wollen Lehrer nicht lernen.

Im Höhlengleichnis bedarf es einer höheren Macht, die eingreift und einen Höhlenbewohner gegen seinen inneren Widerstand neue Erkenntnisse aufzwingt. Das befreite Subjekt braucht eine Zeit, um sich an das Neue zu gewöhnen, dann aber kann es selbst nicht wieder hinter diese Erkenntnisse zurück. Das Neue

---

56 Jean Paul, Werke in zwei Bänden, 1. Bd., Berlin und Weimar 1984, 111.

wird unverlierbar angeeignet. Das überwundene defizitäre Wissen verliert seinen Platz im Bewusstsein und verschwindet fast unwiederbringlich. Es würde von der neueren Warte aus eine große Anstrengung kosten, theoretisch wieder das vergangene Wirklichkeitsverständnis anzunehmen. – Deshalb verstehen Lehrer ihre Schüler nicht.

Ausweg? Die große Chance des Lernens liegt in der sokratischen Annahme des Nicht-Wissens. Nur aufgrund dieser Annahme kann ein Widerstandabbau gegen und eine Öffnung für das Lernen erfolgen. Setzen wir das Wirklichkeitsverständnis der absoluten hermetischen Situation »Höhle« voraus, dann scheint die Annahme des Nicht-Wissens einem unvorstellbaren Sprung gleichzukommen. Es wird zumindest hypothetisch versucht, aus der Sicherheit der eigenen Wahrnehmung auszusteigen. Kann es überhaupt noch Lehrer geben, wenn ein Lernfortschritt, das Eingreifen einer höheren Macht und die Annahme des Nicht-Wissens voraussetzt?

Augustinus steht als christlicher Theologe in der platonischen Denktradition, er gibt uns auf diese Frage eine entlastende und erschütternde Antwort:

Denn dass wir ihnen (den Wörtern; D.K.) für den Augenblick nicht mehr als erforderlich zuschreiben, dazu habe ich aufgefordert, damit wir nicht mehr nur glauben, sondern auch zu erkennen beginnen, wie wahr mit göttlicher Autorität geschrieben steht, wir sollen auf Erden niemanden unseren Lehrer nennen, weil der eine Lehrer für alle im Himmel wohnt. Was aber im Himmel anzutreffen ist, wird er selbst lehren, von dem wir auch durch Menschen vermittels der Zeichen von außen aufgefordert werden, durch innere Hinwendung zu ihm zu lernen; ihn zu lieben und zu kennen, das ist das glückliche Leben, von dem alle laut verkünden, dass sie es suchen; nur wenige aber gibt es, die sich dessen erfreuen dürfen, es wirklich gefunden zu haben. Doch nun sage mir bitte, welcher Ansicht du über dieses Gespräch mit mir im ganzen bist. Wenn du nämlich weißt, dass das, was gesagt worden ist, wahr ist, hättest du auch auf die Fragen zu einzelnen Thesen hin gesagt, dass du das wissest. Du siehst demnach, von wem du das gelernt hast; von mir jedenfalls für wahr nicht, weil du auf alle meine Fragen geantwortet hast. Wenn du aber nicht weißt, dass es wahr ist, waren weder ich noch jener deine Lehrer, ich nicht, weil ich niemals in der Lage bin zu lehren, jener nicht, weil du noch nicht fähig bist zu lernen.[57]

57 Aurelius Augustinus (354 Thagaste – 430 Hippo Regius bei Karthago): De magistro, Über den Lehrer, Stuttgart 1998, 119.

Entlastend sind diese Gedanken, weil das Lernen nicht an den irdischen Lehrern hängt, erschütternd für uns Lehrer sind sie aber dennoch, weil wir doch irdische Lehrer sein wollen.

Es ist für Augustinus Gott, der in jedem Verstehensakt unseren Verstand auf die Ordnung der Dinge hin hell macht, die als Ganze und im Einzelnen seine Schöpfung ist. Allein Gott lehrt in Wahrheit, der menschliche Lehrer verhält sich bestenfalls wie der Bauer zum Baum, er erschafft ihn nicht, sondern kultiviert ihn. Der Lehrer kann Wissen nicht lehren, sondern nur vorhandenes pflegen und manches vorbereiten. Gott ist die höhere Macht, die die Schüler umwendet und heraufführt. Sie selbst (und also wir alle!) sind dazu nicht in der Lage, weil sie (und wir alle!) ihr naives perspektivisches Wissen absolut setzen.

Thomas von Aquin ist das zu wenig. Zwar gilt auch für ihn die Resignationsformel, wonach der Versuch ausreiche, eine einzige Mücke zu erfassen, um die Grenzen menschlicher Erkenntnis ahnen zu lassen. Aber Thomas will der selbstständig freien Aneignung vernünftiger Wahrheit, die mit der Wirklichkeit übereinstimmt, mit Hilfe von Lehrern einen größeren Raum geben als Augustinus. Darum hat Thomas von Aquin die Frage gestellt: Kann ein Mensch lehren und Lehrer genannt werden oder allein Gott?[58] Bei Thomas bekommen auch irdische Lehrer wieder eine Chance. Thomas will nicht bestreiten, dass Gott die ermöglichende Mitwirkung bei jeder Art von Erkenntnis zukommt. Man muss aber richtig verstehen, *wie* Gott bei unserem Erkennen mitwirkt. Gottes Mitwirkung in unserem Erkennen besteht für Thomas nicht darin, dass Gott unser Erkennen in einer fortdauernden Einflussnahme auf seinen Entwurf hin hell macht. Gottes Weg ist einfacher und gesteht den Menschen mehr zu. Der Mensch ist von Gott ein für alle Mal mit einem Erkenntnisvermögen ausgestattet, das es die Wirklichkeit erkennen kann.

Im Lehren und Lernen stehen wir in Beziehung zu Gott, zu anderen und zu uns selbst. *Gott* ist der Urheber jener Vernunftausstattung dank der Wissen erworben werden kann. Gott garantiert darüber hinaus unsere wahrheitsfähige Wirklichkeit. Sie

---

58 Thomas von Aquin (1225 Roccasecca bei Neapel – 1274 Fossanuova bei Rom): Über den Lehrer, De magistro, Hamburg 2006. Ich folge hier der Einleitung von Heinrich Pauli, XIff.

wird uns zum Ort möglicher Wahrheitsfindung. *Andere Menschen* sind es, welche der Anwendung unseres Vernunftvermögens zu einem befriedigenden Erfolg verhelfen können. Sie bieten Begriffe der Wirklichkeit geordnet dar. Der Lehrer muss den »Mittelbegriff« bereitstellen. Er gibt den Anstoß und schafft die Verbindung zwischen je schon Gewusstem und noch nicht Gewusstem. *Wir selbst* sind es schließlich, in deren Freiheit es liegt zu urteilen. Der Lehrer kann uns niemals abnehmen, bestimmte Erkenntnisse und Prinzipien gelten zu lassen. Der Lernende kann sie nur persönlich und unvertretbar aneignen und anerkennen.

Auch wenn es für Thomas Gott ist, der zu konkreter Wahrheitsfähigkeit befreit, können wir selbst uns nur in Freiheit und nicht unter Zwang zur Wahrheit entschließen. Thomas betont die menschliche Selbstmächtigkeit zur Erkenntnis, obwohl deren Bedingungen in grundsätzlicher Abhängigkeit zum Schöpfer stehen:

Wenn ein Mensch ein wahrer Lehrer ist, dann muss er die Wahrheit lehren. Aber wer immer die Wahrheit lehrt, erleuchtet den Geist, da die Wahrheit das Licht des Geistes ist. Also erleuchtet der Mensch den Geist, sofern er lehrt. Das aber ist falsch, da – nach Joh. I,9 – Gott es ist, »der jeden Menschen, der in diese Welt kommt, erleuchtet«; also kann der Mensch einen anderen nicht wahrhaft etwas lehren.

Wenn ein Mensch einen anderen etwas lehrt, muss er ihn von einem der Möglichkeit Wissenden zu einem wirklich Wissenden machen; dessen Wissen muss also von der Möglichkeit in die Wirklichkeit übergeführt werden. Was aber von der Möglichkeit in die Wirklichkeit übergeführt wird, erfährt notwendig einen Gestaltwandel. ...

Wissen scheint nichts anderes zu sein als die Beschreibung der Dinge in der Seele, da ja Wissen die Angleichung des Wissenden an das Gewusste heißt. Ein Mensch aber kann nicht in die Seele eines anderen Ähnlichkeitsformen der Dinge einzeichnen: sonst würde er nämlich innerlich in diesem tätig sein, was allein Gott zukommt. Also kann ein Mensch einen anderen nicht etwas lehren. ...

... Kein Mensch aber kann in einem andern Gewissheit durch sinnfällige Zeichen erzeugen, die er vorlegt ... Nur Gott kann den Geist des Menschen bilden, wie Augustinus sagt. Wissen ist aber eine bestimmte Form des Geistes; also verursacht allein Gott in der Seele das Wissen. ...

Andererseits lässt sich anführen, was in II Tim. I,11 steht: »Für das Evangelium bin ich eingesetzt als Apostel und Lehrer der Völker«. Der Mensch vermag also Lehrer zu sein und zu heißen ...

Wie man also vom Arzt sagt, dass er die Gesundheit im Kranken nur aufgrund der Eigentätigkeit seiner Natur bewirkt, so gilt auch, dass ein Mensch in einem anderen Wissen nur aufgrund der Selbsttätigkeit von dessen naturhaft angelegter Vernunft bewirken kann, und genau das heißt »Lehren«. ...

Das Wissen war im Lernenden zuvor schon vorhanden, und zwar nicht in vollendeter Verwirklichung, sondern gleichsam wie in einem Keim von Vernunft. ...

Der Lehrer flößt dem Schüler nicht in dem Sinne Wissen ein, dass gleichsam ein und dasselbe Wissen aus dem Besitz des Lehrers in den des Schülers übergeht. Vielmehr ist die Sache so, dass aufgrund des Lehrens im Schüler durch Aktualisierung eines Vermögens ein Wissen entsteht, das dem des Lehrers ähnlich ist.[59]

Wenn man diese sokratisch-platonisch-augustinisch-thomasischen Gedanken ernst nimmt, dann kann der Bildung nicht nur ein empirischer Zugang helfen:

Lehrer helfen Schülern zu einer situationsgerechten Wirklichkeitssicht. Bzw. Lehrer helfen Schülern zur Erschließung ihres eigenen Wirklichkeitsverständnisses. Sondern es muss auch ein geistiger Zugang in Anschlag genommen werden:

Die von Lehrern und Schülern zu erschließende Wirklichkeit muss als ursprünglich erschlossene und für Erschließung offene gedacht werden. Bildung ist ein Ereignis, sie ist ein Geschehen, ihr Ergebnis ist nicht kalkulierbar. Wir können leider nicht erzwingen, was bei unseren Schülern wirklich hängen bleibt, ebenso wenig können wir erzwingen, was unsere lieben Kolleginnen und Kollegen aus einem Studientag mitnehmen.

Möglich, dass im Vergessen dieses ereignishaften Bildungsaspekts unser (der Lehrer wie der Schüler) Widerstand seine Herkunft hat. Der Unterricht soll im vorhinein feststehende Ergebnisse bringen, die überprüfbar sind und tief ins Langzeitgedächtnis einsickern. Es soll auch im Schulbetrieb wissenschaftlich zugehen, dabei wissen wir von Paul Feyerabend: »Die

---

59 Ebd. 3 ff.

Wissenschaft ist eine der vielen Lebensformen, die die Menschen entwickelt haben, und nicht unbedingt die beste. Sie ist laut, frech, teuer und fällt auf.«[60]

Wir (Lehrer und Schüler) bekommen in der Schule manchmal das Gefühl, in »triviale Maschinen« verwandelt zu werden. Ich mag dieses Wort Heinz von Foersters,[61] mit dem er unser Bildungssystem belegt, überhaupt nicht und es ärgert mich sogar, aber hat er nicht recht? Heinz von Foerster hält es für trivial, wenn wir sagen, »2 x 2 = 4«. Er hält Bildung erst dann für nichttrivial, wenn wir sagen können, »2 x 2 = grün«. Mir fällt das schwer, aber mir gelingt schon zu sagen, »2 x 2 = viermal hüpfen« und »braun ist mehr rot als grün«!

Philipp Melanchthon – Oder:
Wie sie die Nase rümpfen und den Mund verziehen

Wenn selbst Philipp Melanchthon eine ausführliche »Rede von den Leiden der Lehrer« halten muss, dann scheint es um unseren Beruf schlecht bestellt zu sein:

Groß ist die Undankbarkeit der Schüler, die nicht nur überhaupt keine Wohltat von uns empfangen haben wollen, sondern gar noch behaupten, niemand habe sich schlechter um sie verdient gemacht als gerade wir. Sie lernen nichts und hassen uns gleich der Wissenschaft aufs grimmigste als ihre Marterknechte. Manche andere, die etwas von der Wissenschaft genascht haben, sind, indem sie sich eine gewisse Gelehrsamkeit einbilden, so von sich eingenommen – das ist ja eine Eigentümlichkeit dieses Alters – , dass sie sich um die Lehrer gar nicht mehr kümmern und bereits auf einer solchen Höhe des Wissens angekommen zu sein glauben, dass sie auf uns herabsehen können. Sie merken nicht, wie armselig eigentlich ihr Hausrat ist, auch bedenken sie nicht, wem sie das bisschen, was sie gelernt haben, verdanken. Ich übergehe die mannigfachen Beleidigungen, die sie uns antun, wie sie die Nase rümpfen und den Mund verziehen, wenn man an etwas erinnert. So unheilvoll ist unsere Lage. ... Auch die Eltern der Schüler schätzen uns nicht höher als diese selbst. Sie denken nicht daran, dass sie die Sorge für ihre Kinder auf uns abgeladen

---

60 Paul Feyerabend, Wider den Methodenzwang, Frankfurt/M. 1991, 385.
61 Heinz von Foerster und Bernhard Pörksen, Wahrheit ist die Erfindung eines Lügners, Heidelberg 1999, 65.

haben. Ist uns doch Unterricht und Erziehung des Knaben in der ganzen Breite, mit allen ihren Kümmernissen und Gefahren, auf die Schulter gelegt, während die zuhause ungestört ihren Geschäften nachgehen. Und wenn sie uns gar ein schmales Entgelt gewährt haben, wie halten sie uns diese Wohltat vor! Fällt der Sohn gut aus, dann hat der Lehrer kein Verdienst. Macht er schlechte Streiche, dann wird der Lehrer verantwortlich gemacht. Als Diogenes einen jungen Menschen wegen seines Verhaltens beim Essen zu tadeln hatte, da gab er dem Pädagogen eine Ohrfeige. Ganz in derselben Weise trifft die Lehrer die Schuld für alle Vergehen der Jugend. Das ist der Dank für unsere Mühen und Sorgen ... Es wären noch allerhand Übel aufzuzählen, aber ich bin müde, die Zeit verbietet die Fortsetzung meiner Rede.[62]

Aus seinem Vortrag ist hier nur ein kleiner Abschnitt zitiert, insgesamt fällt auf, dass Melanchthon in der gesamten Rede keinen optimistischen Ausblick gibt. Verstand er sie als Satire? Wollte er sich über die Vergeblichkeit der wohlmeinenden, aber wohl nicht könnenden Lehrer lustig machen? Oder ist der Satz, »Ich bin müde«, sein letztes Wort? Litt der 36-jährige »Lehrer der Deutschen« an ein Burn-Out-Syndrom? Wir denken, wohl kaum!

Etwas anderes soll uns interessieren als Melanchthons Befindlichkeit. Nehmen wir seinen Vortrag als eine phänomenologische Beschreibung, dann hat diese für uns etwas Tröstliches. Der Vortrag liegt einige Zeit zurück, er wurde 1533 gehalten. Zunächst kann man also schon mal positiv festhalten, das Lehrersein war früher auch nicht einfach. Auch wenn wir manchmal geneigt sind zu denken, alles wird immer schlimmer. Wann wird es endlich am schlimmsten sein, damit einmal alles immer besser werden kann?

Okay, zur Zeit von Melanchthon rümpften die Schüler die Nase und verzogen den Mund und schauten aus dem Fenster, heute schauen die Schüler ins Internet und können sehen, wie einem an der Tafel schreibenden Lehrer die Hose heruntergezogen wird. Die Tageszeitung veröffentlicht dann für die entsetzten Leser die Internetadresse, damit sie auch mal gucken können. Das ist wirklich schlimm und muss verhindert werden. Aber schlimm (oder

---

62   Philipp Melanchthon (1497 Bretten – 1560 Wittenberg): Der Lehrer Deutschlands. Ein biographisches Lesebuch von Hans-Rüdiger Schwab, darin: Rede von den Leiden der Lehrer, München 1997, 161 f.

gut) kann es zu allen Zeiten immer nur für die Lehrerin und den Lehrer in ihrem eigenen persönlichen Erleben sein. Der Schmerz der Lehrer und Schüler damals war genauso deren Schmerz, wie unsere heutigen Leiden (und unsere heutigen Freuden) an der Schule unverwechselbar je unsere sind.

Ich möchte das, was in Melanchthons Rede zur Sprache kommt, noch einmal dem Begriff »heilsame Resignation« (vgl oben die erste Wegzehrung) bezeichnen. Zwei Abwege sollen mit diesem Begriff ausgeschlossen werden. Ein sehr von mir geschätzter Kollege erzählte einmal, wie er seinen Unterricht durchführt: »Ich versuche immer, meine Klasse möglichst einzuschläfern, damit ich es ruhiger habe!« Ich bin mir nicht sicher, ob damit das gemeint ist, was ich unter »heilsamer Resignation« verstehe. Ich vermute, dass die Haltung des Kollegen wohl eher in Richtung des ersten Abwegs führt und er wirklich resigniert hat. Der andere Abweg steht mir in der Erinnerung an einen Referendar vor Augen, der so oft »Great!«, »Yeah!«, »Wonderful!«, »Excellent!« oder »Marvelous!« schrie, dass wir uns weniger auf seinen superben Unterricht konzentrieren konnten als auf seine emotionalen Ausbrüche, die uns motivieren sollten. Eine solche Übermotivation kann nur so lange gut gehen, bis er an einen aalglatten Schüler gerät, der sagt: »Jetzt motivieren Sie mich bitte mal!« und ihm dann einen vorgähnt. Schüler finden eines jeden Lehrers wunden Punkt.

Was bedeutet »heilsame Resignation«? Es bedeutet einen langen Atem gegen die Kurzatmigkeit zu setzen. Dauerlauf gegen Sprint! Aber mehr noch (oder weniger?): »Du kannst nichts machen. Dennoch ist, was du tust, nicht irrelevant.« (Eilert Herms). Heilsam resignierte Lehrer lieben ihre Arbeit, aber sie haben wie die Maler, die sich keine bunten Nasen holen, weil sie mit ihr über die Leinwand fahren, etwas Distanz zu ihr. Eine Kollegin meinte: »Je mehr ich mich mit der Schule beschäftige, desto mehr Distanz bekomme ich zu ihr!« Sie meinte, das höre sich resigniert an – ich aber sehe in ihrer Haltung eine *heilsame* Resignation.

Was sollten wir Lehrerinnen und Lehrer nicht schon alles bewirken? Die Schule sollte zur Heilsanstalt werden und als säkulare Kirche gesellschaftliche Veränderung garantieren! Selbstbestimmung sollte Systemzwänge überwinden! Erfahrung sollte

Belehrung ersetzen! Schule sollte als Lebensform die repressive Kleinfamilie ersetzen![63] Mal ging das Heil vom Curriculum aus, dann von der Didaktik, weiter über das Methodentraining sind wir jetzt bei den Bildungsstandards angelangt. Lehrer sollen in Portfolios ihre medienpädagogische Kompetenz dokumentieren. Ein Schul-TÜV inspiziert die Schulen und achtet auf Qualitätssicherung. Unterrichtsausfall wird von nicht fortgebildeten Studenten und Müttern kompensiert. Aber Lehrer-Fortbildung muss akkreditiert werden, um bepunktet werden zu dürfen, weil Lehrer sie Punkte sammeln müssen. Der Unterricht wird dank Zentralabitur gleichgeschaltet, gleichzeitig wird aber »von oben« (Ministerium, nicht ganz oben!) die eigenverantwortliche Schule »vor Ort« gefordert. Die Eigenverantwortung wird dabei selbstverständlich kontrolliert, ganz so wie wir Lehrer das mit den Schülern tun ...

Stopp! Eben fange ich an, im Stammtischjargon (sprich: Lehrerkammerton) zu lamentieren. Ich wollte aber etwas über heilsame Resignation sagen. Paulus empfiehlt, die Welt zu gebrauchen, als brauchten wir sie nicht (1 Kor 7,31). Heilsam resigniert bin ich, wenn ich mich nicht von mir selbst abbringen lasse, wenn ich zwar von den Dingen, die mir widerfahren, berührt werde, sie mich aber nicht einnehmen, wenn ich »Winkel«[64] in meiner Seele habe, die nicht offen sind für andere und die nicht meiner Selbstkontrolle entzogen sind, wenn ich meiner selbst ansichtig werden kann, ohne schamrot zu werden – und wenn ich doch schamrot werde, dass ich weiß, dass mich wenigstens einer freundlich anblickt.

Heilsam resigniert kann ich auch sein, wenn sich meine unsichere Zweideutigkeit in eine sichere Uneindeutigkeit verwandelt und wenn meine Verlegenheit unsicher oder sicher sein kann, ganz wie ich will. Heilsam resigniert bin ich, wenn ich das Heil nicht in der Weltveränderung durch die Schulbildung suche, sondern Wohl in der »Verschonung«[65] vor Überbeanspruchung der Institution Schule finde. Heilsam resigniert bin ich auch,

63 Zum Ganzen vgl.: Dirk Kutting, Gesinnungsbildung. Die humanistische Schul- und Bildungstheorie Hartmut von Hentigs in theologischer Sicht, Marburg 2004.

64 Hans Lipps, Werke III, Die menschliche Natur, Frankfurt/M. 1977, 149.

65 Wolfgang M. Schröder, Politik des Schonens, Tübingen 2004.

wenn ich »das sanfte Gesetz« suche und es mir genügt »ein Körnlein Gutes zu dem Baue des Ewigen beizutragen«.[66]

Wir hatten zu Beginn gefragt, ob Melanchthon unter einem Burn-Out-Syndrom litt. Das können wir mit Sicherheit verneinen. Dennoch wissen wir, dass er von seinem Tod die Befreiung »von aller Mühsal und der Wut der Theologen« erwartete.[67] Seit 1553, also 20 Jahre nach seiner Rede über die Leiden der Lehrer hat er sehr oft ein Gedicht als Buchinschrift verwendet, das auf seine Weise auch heilsam resigniert klingen mag:

> Keines Menschen Beginnen führt jemals zum Ziele und Erfolge,
> Wenn nicht Gott seinen Rat gibt und auch dabei hilft.
> Seine Hilfe ist da, wenn im Bewusstsein des Rechten
> Jeder die Pflicht seines Amts gut und gerecht nur erfüllt
> Und von der Macht des hier zu Beistand bereiten Christus
> Hilfe verlangt und nicht zweifelt, dass sie schon kommt.[68]

Wer es bescheidener mag, dem empfehle ich ein Gebet, das ich manchmal in meinen Klassen bete:

> Gott, lege deine Hände auf meine Schultern.
> Senke mir deine Liebe ins Herz
> Und hilf mir erfüllen,
> Was du mit meinem Leben vorhast.[69]

Was können wir mitnehmen?

> Weine, wenn du dahin treibst
> im Strome der Zeit, ohne den
> Himmel in dir zu tragen.
>
> Friedrich Schleiermacher

Lösung durch Haltung bedeutet, weniger auf Probleme und Schwierigkeiten zu sehen und mehr nach Lösungen und Ressourcen zu gucken. Wir schauen auf den Käse und nicht auf die Löcher!

---

66   Adalbert Stifter, Bunte Steine. Vorrede, Pest und Leipzig 1853.
67   Jörg Haustein (Hg.), Philipp Melanchthon. Ein Wegbereiter der Ökumene, Göttingen 1997, 43.
68   Philipp Melanchthon, a.a.O., 259 f.
69   Inger Hermann, Halt's Maul, jetzt kommt der Segen, Stuttgart 2002, 13.

Und ob die Wolke sie verhüllte,
die Sonne bleibt am Himmelszelt.

Weber, Freischütz

Handeln durch Gewissheit bedeutet, den Grund unseres beruflichen Erfolgs weniger in authentischem Auftreten zu finden und
mehr in der Rollensicherheit, das unser Amt uns verleiht. Der
Grund auf dem wir stehen ist bereitet!

Der Mensch muss Erde unter den
Füßen haben, sonst verdorrt ihm
das Herz.

Gertrud von Le Fort

Bildung durch Orientierung bedeutet, den Blick aufs Ganze zu
werfen. Fachliches Können und Fertigkeiten sind wichtig, finden
ihren Sinn aber im Zusammenhang religiös-ethischer Orientierung. Die Melodie macht die Musik, nicht der einzelne Ton!
»Denken? Denken! Das heißt, den Faden verlieren.« *Paul Valéry*
Steuerung durch Religion bedeutet, die eigene spirituelle Identität als wichtigstes Steuerungsinstrument des Unterrichts zu entdecken. Damit öffnen wir uns für die vielgestaltige, bedeutungsreiche Welt unserer Schüler. Gemeinsam ist uns die Einfalt des
Herzens im Angesicht Gottes!